④ 善恶人品

张爷爷讲史记故事

张大可 著
周晓鸥 绘

中国书店

烽火戏诸侯（明内府彩绘本《春秋五霸七雄通俗演义列国志传》插图）

目录

卷首语 人生百态性有善恶　001

爱国故事（五则）

申包胥秦廷哭救兵　002

王蠋宁死不仕燕　007

负荆请罪廉颇识大义　011

赵奢征税不避贵戚　018

卜式输财急国难　022

廉直故事（六则）

董狐良史不隐恶　034

公仪休之为相　037

李离过听断狱伏剑死　041

石奢追盗纵父自裁　048

张释之循法办案　053

魏其侯受赐千金不入家　062

恭谨故事（四则）

万石君父子忠孝　072

建陵侯卫绾醇谨　084

直不疑受枉不自明　091

郎中令周仁不受赐　096

处世故事（五则）

朱公长男救弟载尸归　102
信陵君礼贤下士　111
平原君倾心养士　122
汉高祖背信斩丁公　126
汉文帝听言召季布　131

交谊故事（四则）

管鲍相知情义深　136
美德巅峰上的季札　141
申丞相折腰纳言　153
袁盎晁错不并坐　158

趋炎故事（四则）

富贵多士贫贱寡友　166
叔孙通背言悦主　175
翟公署门叹炎凉　180
门下多去事骠骑　185

昏暴故事（七则）

酒池肉林纣无道　190
厉王监谤失君位　200
幽王烽火戏诸侯　207
齐襄公荒淫通妹　213
始皇残虐焚书坑儒　221
秦二世昏暴失国　229
冒顿弑父自立单于　243

奸佞故事（五则）

晋骊姬奸计除太子　250
费无忌专宠移花接木　263
李园奸诈春申君丧命　269
李斯恋位沙丘政变　278
赵高弄权指鹿为马　302

人生百态性有善恶

　　本书八组故事共四十篇，分为爱国、廉直、恭谨、处世、交谊、趋炎、昏暴、奸佞等类型，虽然不能包容人生百态，但大体概括了人伦品格的几个重要方面。《史记》是一部百科全书，记载的历史全方位反映社会生活，塑造各色人物典型，大自帝王将相，小到细民俗子，宏纤靡失。细民有侠客、医卜、商贾、俳优、博徒、渔夫、妇女、姬妾，乃至鸡鸣狗盗之徒。司马迁创作《史记》虽然以帝王将相为中心，但他扩大范围，包容了全社会，描写了各种类型，各个阶级阶层的典型人物，凡对历史起过作用的人物都叙入史中。本套丛书选取具有代表性故事，基本上再现了《史记》所描写的人生百态。

　　历史人物有正面，有反面，他们都可以说是英杰人物。他们都对历史产生重大影响，中国传统史学惩恶劝善，历史记载总以正面英雄为主。唐代刘知几作了如下的理论概括：

　　夫善人少而恶人多，其书名竹帛者，盖唯记善而已。故太史公有云："自获麟以来四百有余岁，明主贤君忠臣死义之士，废而不载，余甚惧焉。"即其义也。至如四凶列于《尚书》，三叛见于《春秋》，西汉之记江充、石显，东京之载梁冀、

董卓，此皆干纪乱常，存灭兴亡所系，既有关时政，故不可阙书。(《史通·人物》)

  演说故事，反面人物的情节更为生动。而惩恶劝善不能不以正面人物为主，影响历史进程，亦以正面人物为大。刘知几说"善人少而恶人多"，是指当权者，他们作威作福，无有顾忌，所以显得"善人少而恶人多"，尤其帝王中更是如此，雄略之君就多暴虐。就社会整体而言，善人多而恶人少，为恶者只是一小撮。本套书所收故事中，百分之九十以上为正面人物，只在本辑选取了人生百态中"昏暴"与"奸佞"两组评说反面人物的故事，共12篇，以弘扬传统史学的惩恶劝善。对于双重性的伟大历史人物，也要善恶毕书才完整。例如秦始皇有统一六国之大功，亦有焚书坑儒之大过，我们在"治国理民故事"中讲了他亲政除奸、统一六国之大功，在本辑"善恶人品故事"中又讲了他焚书坑儒的大过，这就叫善恶毕书，留给读者去评说。人生百态，性有善恶，一个人为善为恶，不能不毕书，留给读者，智者见智，仁者见仁，在阅读中进行再创造，不必求定论，不必求答案，方能获得更多的启迪。本书写作者的感情倾向，也只是一种观点，不是定论，不是答案。有的人生品格，善恶交融，说善是善，说恶是恶，好比清浊二水流入一池，分不开了，只有留待历史来澄清，可以引为善，可以引为恶。本辑所选恭谨故事，像万石君之为人，目不识丁，身体力行，对长上敬，对人和，对己严，纯谨道德，完美无缺。直不疑受枉不自明，宽厚得可以。但若社会人人皆效法如此，不可想象社会还能前进，历史还能进步。万石君之恭谨，其人性已被当时制度所异化，全无机灵人性，作为榜样，在某种意义上已是一种恶。战国时代百家争鸣，诸子辩论人性善恶，至今谁也说不清，人是性本善，还是性本恶。我们本着"不必求定论，不必求答案"的思维方式，笼统说性有善恶，指其行为有善有恶，不抽象思辨，只揭其事实，作为史鉴，留为思考，更有实际意义。

水火、冰炭、黑白不可并容。人的善恶也有一定的界限。爱国、廉直可以说是绝对的善；暴虐、奸佞，可以说是绝对的恶；恭谨、趋炎，介于二者之间。本辑八组故事，如此安排，形成强烈反差，供人评说。

申包胥哭秦庭（明内府彩绘本《春秋五霸七雄通俗演义列国志传》插图）

爱国故事

五则

申包胥秦廷哭救兵

公元前506年，伍子胥引导吴兵破楚，为报父仇，掘开楚平王墓，鞭尸三百以解恨。伍子胥的好友申包胥认为以臣仇君，掘冢鞭尸太过分了，批评伍子胥为违犯天道，身必遭殃。伍子胥也毫不示弱，回答申包胥说："就算是倒行逆施，我也要干到底。"这里表现了伍子胥父仇不共戴天，决意痛快雪耻的坚强意志。

伍子胥逃离楚国时，与申包胥有一番对话。申包胥问伍子胥说："你真要报君仇？"伍子胥说："我一定要灭掉楚国。"申包胥说："你好好干吧，你有本领灭掉楚国，我就有本领恢复楚国。"

现在伍子胥果然依靠吴兵破了楚国，申包胥就到秦国去讨救兵。他对秦哀公说："吴国就像贪婪的大猪、长蛇，专要欺负大国，先拿楚国开刀。我们的楚王丢了国家，逃亡在草丛之中，派我这个下臣来向秦公报告急难。希望秦公出兵，可以与吴国一起瓜分楚国，也可独吞楚国，如果秦公是保护楚国，楚国将世世代代事奉秦公。"秦哀公派人拒绝了申包胥，十分婉转地说："寡人知道了，请你到宾馆去休息，我们商量以后答复你。"申包胥说："我的国君落难在草丛之中，下臣哪敢到安逸的地方享福？"说完就靠着院墙号哭，日夜哭声不断，七天不喝一口水，眼泪流干了，都流出血了。秦哀公被打动了。楚王有这样好的忠臣，楚国不该灭亡。秦哀公唱起《无衣》这首诗，歌词说：

申包胥日夜啼哭

岂曰无衣,与子同袍。王于兴师,修我戈矛,与子同仇。
岂曰无衣,与子同泽。王于兴师,修我矛戟,与子偕作。
岂曰无衣,与子同裳。王于兴师,修我甲兵,与子偕行。

回环往复,共有三章,末句"与子同仇、与子偕作、与子偕行",表达了秦人为楚国的坚强后盾。第二年,申包胥借秦兵赶走了吴人,恢复了楚国。

伍子胥与申包胥,这对好朋友,一个尽孝,一个尽忠,两人执着追求,实践了各自的诺言,展示了各自人生的光泽。两人的行事,立场不同,用意相反,但两人的精神,实践誓言,展示刚强,却是相同的,都是好样的男子汉。伍子胥和申包胥,两人都是赢家。

伍子胥列传·申包胥

始，伍员与申包胥为交，员之亡也，谓包胥曰："我必覆
_{起初，伍子胥与申包胥为友，伍子胥出逃时对申包胥说："我一定要颠覆楚国。"}
楚。"包胥曰："我必存之。"及吴兵入郢，伍子胥求昭王。既
_{申包胥说："我一定要挽救楚国。"等到吴兵进入郢都，伍子胥搜寻楚昭王。没有找到，}
不得，乃掘楚平王墓，出其尸，鞭之三百，然后已。申包胥
_{就挖开楚平王的墓，暴露他的尸骸，鞭打尸骸三百鞭，然后才罢手。申包胥逃亡到山中，}
亡于山中，使人谓子胥曰："子之报仇，其以甚乎！吾闻之，
_{派人对伍子胥说："你报仇雪恨，也太过分了！我听说，人多可以胜天，天公降怒也能毁}
人众者胜天，天定亦能破人。今子故平王之臣，亲北面而事
_{灭人。你原来也是楚平王的臣子，亲自向北跪拜过他，现在竟至于要糟蹋死人，这难道不}
之，今至于僇死人，此岂其无天道之极乎？"伍子胥曰："为
_{是不讲天理到极点了吗？"伍子胥对传言人说："替我向申包胥表示歉意，我伍子胥好比}
我谢申包胥曰，吾日莫途远，吾故倒行而逆施之[1]。"于是申
_{是快落山的太阳，时间不多而道路遥远，所以我有意倒行逆施。"于是申包胥跑到秦国告}
包胥走秦告急，求救于秦。秦不许。包胥立于秦廷，昼夜
_{急，向秦国求救。秦国不答应。申包胥站立在秦国朝堂上日夜痛哭，七天七夜没有停止。}
哭，七日七夜不绝其声。秦哀公怜之，曰："楚虽无道，有臣
_{秦哀公非常同情，就说："楚王虽然无道，可有这样的忠臣，能不保存楚国吗？"就派遣}

---

[1] "吾日"二句：我要报仇，好比走路，太阳快要落山，而路途还很远，因此我倒逆疾行，管不了许多事理。莫，同"暮"。

若是，可无存乎！"乃遣车五百乘救楚击吴。六月，败吴兵
了五百辆兵车，援救楚国，攻打吴国。六月间，秦兵在稷地打败了吴兵。这时恰又赶上吴

于稷[1]。会吴王久留楚求昭王，而阖庐弟夫概乃亡归，自立为
王阖庐的弟弟夫概自立为王，由于吴王阖庐久留楚国搜寻昭王，夫概私自逃回吴国办出了

王。阖庐闻之，乃释楚而归，击其弟夫概。夫概败走，遂奔
这种事。阖庐得到消息，赶紧放过楚国回到吴国，攻击弟弟夫概。夫概败逃，投入楚国。

楚。楚昭王见吴有内乱，乃复入郢。封夫概于堂溪[2]，为堂溪
楚昭王看到吴国有了内乱，就重回郢都。楚王把堂溪地方封给夫概，称为堂溪氏。楚国又

氏。楚复与吴战，败吴，吴王乃归。
发兵与吴交战，打败了吴兵，吴王这才回归吴国。

---

1 稷：稷丘，地名，在今河南省桐柏县。
2 堂溪：在今河南省遂平县。

王蠋不降燕（明内府彩绘本《春秋五霸七雄通俗演义列国志传》插图）

王蠋宁死不仕燕

王蠋是战国齐湣王时一位爱国的贤大夫。齐湣王曾经与秦昭王争相称帝，齐湣王称东帝，秦昭王称西帝。两王称帝，表示要统一天下，君临各王之上。齐、秦两国都出兵攻打其他各国。齐湣王南灭宋，又夺楚淮北之地，又破燕，占领大片土地，于是与四邻为敌。王蠋进谏，齐湣王不听。王蠋就辞官退隐画邑。画邑在齐国都城临淄西北三十里。公元前284年，燕将乐毅率领秦、韩、赵、魏等五国之兵进攻齐国，齐军大败，齐湣王出逃。乐毅早就听闻王蠋是齐国贤大夫，他想说降王蠋，用他的声望来

画邑因王蠋而免兵灾

安定齐国民心。乐毅下令,燕军环王蠋所居地三十里不得越界。这一方齐民因王蠋之故,得以免受兵灾之祸。

接着,奉乐毅之命说降王蠋的燕将,多次登门请求王蠋与燕人合作,安定乡邑。王蠋宁死不屈。燕将大怒,说:"你不听从,我就率领三军把画邑荡为平地,把齐民杀个干净。"王蠋说:"忠臣不事二君,贞女不更二夫。"他为了不让画邑人民遭涂炭,自己吊死在树上。王蠋以死来激发齐民的爱国心,立刻引起很大的反响。齐国在逃的士大夫说:"王蠋已经不食俸禄,一介布衣,用生命捍卫了尊严,何况我们吃俸禄的人呢!"于是齐国军民相聚在莒城、即墨,誓死抗燕。齐湣王死后,齐国军民找到太子田法章,拥立为齐王,这就是齐襄王。齐国军民死守两座孤城,坚持抗燕五年,最后终于打败燕军,恢复了齐国,发扬了王蠋的爱国精神。

田单列传·王蠋

燕之初入齐，闻画邑人王蠋贤[1]，令军中曰："环画邑三十
当燕军刚攻入齐国的时候，听说画邑人王蠋很有才干，下了一道军令："军队不能进入画邑周

里无入！"以王蠋之故。已而使人谓蠋曰："齐人多高子之
围三十里的地方。"这是为了保护王蠋的缘故。不久燕军派人对王蠋说："齐国人民大多敬仰您的德义，

义，吾以子为将，封子万家。"蠋固谢[2]。燕人曰："子不听，吾
我们燕人用您为将，封您一万家。"王蠋坚决推辞，不肯接受。燕人说："您如果不肯接受，我就要率

引三军而屠画邑[3]！"王蠋曰："忠臣不事二君，贞女不更二
领大军来屠平画邑。"王蠋说："忠臣不事奉两个君王，贞洁的女子不改嫁第二个男子。齐王不听从我

夫[4]。齐王不听吾谏，故退而耕于野。国既破亡，吾不能存；今
的劝谏，所以我回到乡间耕作。国家已经灭亡了，我没有能力来保护；现在又用武力来威胁我替你们

又劫之以兵为君将[5]，是助桀为暴[6]也。与其生而无义，固不如
为将，这是帮助桀王肆虐。与其活着干这不义的事，还不如被你们烹杀的好。"于是他把自己的脖子缠

---

1 蠋：音zhú。画邑：在今临淄西北三十里，因画水得名。
2 固谢：坚决不接受。
3 三军：全军。
4 贞女：节烈之女。更：改嫁。
5 劫之以兵：用武力威胁。
6 助桀为暴：喻以恶济恶。这是古代成语，后世用"助纣为虐"取代了这一成语，沿用至今。

烹[1]！"遂经其颈于树枝[2]，自奋绝脰而死[3]。齐亡大夫闻之，曰：

在树枝上，自己用力挣扎，扭断了脖子而死。齐国逃散在外的士大夫知道了王蠋殉国的事，互相奔走说：

"王蠋，布衣也，义不北面于燕，况在位食禄者乎！"乃相聚

"王蠋是一个老百姓，尚能守节不屈，何况我们这些有俸禄的人呢！"于是大家相约聚集到了莒城，访

如莒，求诸子[4]，立为襄王。

求到了湣王的儿子，拥立他为襄王。

---

1 烹：古代的一种酷刑，把人活活煮死。
2 经：缠缚，上吊。
3 绝脰：扭断脖子。脰（dòu），脖子。
4 求诸子：访求湣王的几个儿子，得法章。崔适谓，"诸子"是"其子"之误。

负荆请罪廉颇识大义

廉颇和蔺相如是战国时期赵国著名的大臣，他们同心协力，抵抗强敌，忠心报国的故事成为千百年来流传的佳话。

廉颇是一位身经百战，为赵国立下过赫赫战功的著名武将，曾率领赵国军队屡次战胜齐、魏等国的军队。赵惠文王时，廉颇被封为上卿（战国时期的一种高级爵位，相当于国相职位）。因而，在赵惠文王执政时，廉颇已是一个名声、地位都很高，享誉各国的著名军事家。

蔺相如当时只不过是赵国大臣缪贤的一个门客，出身低微。由于蔺相如在重要的外交活动中屡次为赵国争光，得到赵惠文王的赏识，逐渐得到提拔，后来官居廉颇之上。于是廉颇对蔺相如非常不满，他们两人之间的恩怨在中国历史上演出了著名的"将相和"的动人故事。

据《史记·廉颇蔺相如列传》记载：赵惠文王二十年（前279年），蔺相如在渑池之会上，为赵王保全了名誉，使得赵王对他更加赏识。渑池会晤以后，赵惠王认为蔺相如功劳最大，就封蔺相如做了赵国的上卿，官居廉颇将军之上，地位比廉颇将军还显耀，成为赵国著名的政治家和外交家。廉颇将军看着蔺相如凭借口才就官居其上，心中十分不高兴，逢人便说："我作为一员大将，为赵国出生入死，身经百战，立下了汗马功劳，而蔺相如是一个出身低贱的门客，全凭三寸不烂之舌，一张能说会道的嘴巴，居然做了上卿，职位比我还高。要是我有一天遇上了蔺相如，一定要当众羞辱他!"

廉颇将军的话慢慢地传到了蔺相如的耳里。从此，蔺相如总是处处避让廉颇。每逢上朝时，蔺相如为了避免同廉颇见面而发生不愉快的事情，他总是佯装有病而不上朝，其目的就是表明他不愿意与廉颇将军争职位的高低，以免造成将相不和，敌人乘机攻赵的恶果，危及赵国的安全。有一天，蔺相如带领手下坐车出门，忽然远远看到廉颇将军的车正疾驰而来，蔺相如急忙命令车夫把马车赶到一个小巷里为廉颇将军让路，等廉颇将军一行的车马过去后，才重新走上大道继续赶路。蔺相如的门客见主人这一系列举动十分不解，非常生气地说：

"我们告别妻儿老小到您手下效劳，都是因为我们十分敬佩您的勇敢和胆识，到如今，我们万万没有想到您是如此惧怕廉颇将军，我们都觉得颜面无光，心里羞得慌，请求您同意我们辞职回家去照顾自己的妻儿老小吧!"

蔺相如听了门客这番话，先是幽默地一笑，然后问大家："你们看，廉颇将军和秦王两个比较，哪一个人更厉害呢?"

"当然是秦王厉害哟!"众门客回答。

"对，天下诸侯哪一个不惧怕秦王呢！而我敢于在秦国的朝廷上当着众人的面责骂秦王。你们仔细想一想，我就是再没有能力，也不至于害怕廉颇将军呀!"

蔺相如见门客都默不作声，于是又语重心长地说道："强盛的秦国就像恶狼一样，随时都打着赵国的坏主意，可是秦国却始终不敢侵犯赵国，就是因为我们将相能够同心合力地保卫国家，如果我和廉颇将军为了个人的官职争斗起来，发生内部矛盾，岂不是让秦国钻了空子，正合秦国的心意

蔺相如避开廉颇改道而行

吗?秦国就会趁我们内部不团结的时候,乘机攻打我们赵国。我为廉颇将军让道,就是要把赵国的安危、国家的利益摆在最前面,我个人荣辱和恩怨又算得了什么呢?不能凭着性子行事啊!"

蔺相如对门客说的这些话,不久也传到了廉颇将军的耳里。廉颇听了这番话,非常受感动,这位战功卓著的老将军心里十分惭愧,觉得自己虽身经百战,却目光短浅,器量狭小,把个人的名誉和地位看得过重了。于是廉颇将军决定放下"架子",去向蔺相如请罪。

第二天一大早,廉颇就按照当时自认有罪的习惯,脱去上衣,露出脊梁,背上荆条,由一个门客领路,亲自到蔺相如家去请罪。廉颇见到蔺相如，马上跪在地上请求蔺相如谅解过去的言行。蔺相如见状，急忙起身上前搀扶起老将军。廉颇含着热泪，深情地说："我是一个没有见识而又糊涂的人，不知道您把国家的事情看得如此重要，而把个人的利益看得比鸿毛还轻。我以前对您很不尊重，没想到您却是如此宽宏大量。我确实对不起您，请您就用这荆条责打我吧！"

蔺相如听完廉颇这番真诚的致歉后，竟感动得热泪盈眶，说道："我们都是赵国的文武重臣，最重要的事情就是保家卫国，使赵国不受别国的欺凌。至于私人之间的一些小事情是算不了什么的。"

从此以后，廉颇和蔺相如互敬互让，成为推心置腹、患难与共的好朋友。赵国由于将相和而国强。赵国东攻齐，南伐魏，西破秦，几乎称霸。廉颇"负荆请罪识大义"的动人故事，成了爱国主义的典范。京剧《将相和》就是演绎廉蔺交欢的故事，家喻户晓。

廉颇蔺相如列传

既罢归国，以相如功大，拜为上卿，位在廉颇之右[1]。廉
_{秦赵渑池之会结束后，蔺相如回到赵国，赵王认为蔺相如功劳大，任命为上卿，排}
颇曰："我为赵将，有攻城野战之大功，而蔺相如徒以口舌
_{位在廉颇的上面。廉颇说："我是赵国将军，有攻城野战的大功，而蔺相如仅凭一张嘴巴}
为劳，而位居我上，且相如素贱人[2]，吾羞，不忍为之下。"
_{立功，反而在我的上面，何况蔺相如一直是个下等人，我感到羞耻，不能忍受在他的下面。"}
宣言曰："我见相如，必辱之。"相如闻，不肯与会。相如
_{廉颇扬言说："我碰到蔺相如，一定要羞辱他。"蔺相如听到了，不愿和廉颇相会。每逢}
每朝时，常称病，不欲与廉颇争列[3]。已而相如出[4]，望见廉
_{上朝的时候，蔺相如常常推说有病，不愿去和廉颇争位置的高低。不久，蔺相如外出，远}
颇，相如引车避匿。于是舍人相与谏曰："臣所以去亲戚而
_{远望见廉颇来了，蔺相如就叫车子赶快避开。蔺相如的门客争先恐后劝说蔺相如："我们}
事君者[5]，徒慕君之高义也[6]。今君与廉颇同列，廉君宣恶言[7]，
_{之所以离开亲人前来事奉你，只不过是仰慕你的高尚节义。如今你与廉颇为同等级的官员，}

---

1 位：指朝会时的位次。右：上，秦汉以右为尊。
2 素贱人：本来出身微贱，指相如原是宦者令的舍人。素，平素，本来。
3 争列：争执位次排列的先后上下。
4 已而：不久。
5 去亲戚：离开亲人。亲戚，指亲眷。
6 徒慕君之高义也：只是仰慕您高尚的道义。慕，敬仰。高义，高尚的道义。
7 宣恶言：传出坏话。

而君畏匿之，恐惧殊甚，且庸人尚羞之，况于将相乎！臣等
廉将军公开口出恶言，而你害怕躲避，胆怯得要死，即使一个平常人也感到羞辱，何况是

不肖¹，请辞去。"蔺相如固止之²，曰："公之视廉将军孰与秦
将相大臣呢？我等没才干，请求辞别。"蔺相如坚决挽留他们，说："你们看廉将军比得

王？"曰："不若也³。"相如曰："夫以秦王之威，而相如廷
上秦王吗？"大家说："比不上。"蔺相如说："这就对了。以秦王的威风，我蔺相如还

叱之，辱其群臣，相如虽驽⁴，独畏廉将军哉！顾吾念之，强
敢在朝廷上斥责他，侮辱他的群臣，我蔺相如虽然平庸无能，难道单单怕一个廉将军吗？

秦之所以不敢加兵于赵者，徒以吾两人在也。今两虎共斗，
只是我经常想，强秦之所以不敢发兵攻打赵国，就是因为有我们两人在啊。如今要是两虎

其势不俱生。吾所以为此者，以先国家之急而后私仇也。"
相斗，一定是不能并存。我这样做的缘故，是把国家的急难放在前头，把个人的私仇放在

廉颇闻之，肉袒负荆⁵，因宾客至蔺相如门谢罪⁶，曰："鄙贱
后面。"廉颇听说了这些话，就袒露上身，背上荆条，由宾客带引到蔺相如府上道歉，说：

之人，不知将军宽之至此也⁷！"卒相与欢，为刎颈之交⁸。
"我这个粗人，不知道将军对我如此宽厚。"终于两人交好，成了生死之交。

---

1. 不肖：不贤，不才。
2. 固止之：坚决挽留他们。止，阻止离去，即挽留。
3. 不若：不如。
4. 驽：本指劣马，此比喻拙劣。
5. 负荆：背负荆杖。荆，指用带刺的荆条做成的鞭子。
6. 因宾客：通过宾客的关系。
7. 将军：战国时许多能臣入则为卿，出则为将，故称相如为将军。下文"后四年，蔺相如将而攻齐"即为此情。
8. 刎颈之交：誓同生死的朋友。

是岁，廉颇东攻齐，破其一军。居二年[1]，廉颇复伐齐
这一年，廉颇向东攻打齐国，打败齐国一军。过了两年，廉颇又进攻齐国的
几[2]，拔之。后三年，廉颇攻魏之防陵、安阳，拔之。后四
几邑，夺取了这个地方。又过了三年，廉颇攻打魏国的防陵、安阳，攻占了这两座
年，蔺相如将而攻齐，至平邑而罢[3]。其明年，赵奢破秦军阏
城邑。又过了四年，蔺相如为将进攻齐国，行军到平邑撤了回来。第二年，赵奢在
与下[4]。
阏与大败秦军。

1　居二年：指渑池会后隔了两年，即公元前276年。
2　几（jī）：魏邑名，在今河北省大名县东南。此作齐地，误。
3　平邑：赵地，在今河南省南乐县东北。罢，停止行进。
4　阏（yān）与（yǔ）：原属韩，后属赵，在今山西省和顺县西北。

赵奢征税不避贵戚

赵奢是战国中期赵国的一位名将，还是一位政治家。赵奢有强烈的爱国意识，懂得什么是大局，知道怎样维护国家利益，争取民众。他原本是赵国的征税官，掌管田粮的财政人员。战国时旧贵族势力很大，他们有大片封赏采邑，不向国家纳税。春秋以来，各国为了富国强兵，进行改革，其中最重要的改革就是田地私有，废除井田制，国家按亩征税。平原君赵胜是赵惠文王的弟弟，很有才干，很有名声，他是赵国的国相，有食客三千人，是战国时代有名的四公子之一。战国四公子，齐国孟尝君、魏

▲ 古代贵族生活场景（明·佚名《贵族出行图》）

国信陵君、赵国平原君、楚国春申君，他们都是所在国的国相，权力很大，无人可比，无人敢批评。赵奢收税，收到了平原君家，平原君的管家依仗平原君的势力不肯交税。赵奢三令五申还是不听。赵奢发威了，他按国法杀了抗税的人，一连杀了平原君家九个管事人。平原君大怒，在他看来，打狗要看主人面，一个小小的征税官，竟敢如此放肆，这还了得。平原君下令逮捕赵奢，要将赵奢处死。

赵奢毫无惧意，他对平原君晓以利害，据理力争，说明一国之相更要带头纳税的道理。赵奢说："您是赵国王室贵公子，不带头执法而放纵家人抗法，这样国家法律就失去了威信；一个国家的法律失去了威信，国家就削弱；国家削弱就要受到侵犯，如果国家亡了，您哪里还能保住富贵？依照您的身份地位，更要带头奉公守法，做出榜样，上下才公平，公平了国家富强,国家富强了,您难道还怨贫贱吗?天下的人都会看重您的。"平原君一想,觉得赵奢很有胆识,他赦免了赵奢,还把这故事讲给赵王听。把赵奢推荐给赵王,职掌全国的财政,管理税收。很快,赵国税收公平,国库充实,人民安居。

赵奢打击抗税者

赵奢身为财政长官,自己的生活却是十分俭朴。他得到赵王的赏赐,都分给部属,一心扑在国事上,不问家事。赵奢后来做了赵国的将军,打败了秦国。他与士兵同甘苦,尊礼军中部属,所以全军团结如一人。赵奢的才能人品和爱国精神感染了平原君,平原君把他推荐给赵王,造就了一个人才。平原君尊重人才的做法,也是值得称道的。

廉颇蔺相如列传·赵奢

赵奢者，赵之田部吏也[1]。收租税而平原君家不肯出租，奢
_{赵奢，原本是赵国征收田税的官吏。他征收租税，平原君家不肯交纳，赵奢依法治罪，}
以法治之，杀平原君用事者九人[2]。平原君怒，将杀奢。奢因说
_{杀了平原君家抗税的九个管事人。平原君大怒，打算杀死赵奢。赵奢趁机劝说平原君，说：}
曰[3]："君于赵为贵公子，今纵君家而不奉公则法削[4]，法削则国
_{"你是赵国的贵族公子，如今放纵家人不奉公守法，那么国法就受损害，国法受损害国家}
弱，国弱则诸侯加兵，诸侯加兵是无赵也，君安得有此富乎？
_{就削弱，国家削弱诸侯就来侵扰，诸侯侵扰就没有赵国了，你还能保留富贵吗？以你的尊}
以君之贵，奉公如法则上下平。上下平则国强，国强则赵固，
_{贵地位，带头奉公守法，那么上下就能公平。上下公平国家就能强大，国家强大赵国才能}
而君为贵戚，岂轻于天下邪？"平原君以为贤，言之于王。王
_{稳固，你是赵国的贵戚，难道还会被大下人看轻吗？"平原君认为他很有才干，向赵王推荐。}
用之治国赋[5]，国赋大平，民富而府库实。
_{赵王起用赵奢管理全国税收，全国税收公平，人民富庶，国库充实。}

---

1 田部吏：征收田赋的官。
2 用事者：管事的人。
3 因说：趁机劝谏。
4 法削：法制受损害。
5 治国赋：主管国家的税收。

卜式输财急国难

卜式，生卒年不详，西汉武帝时的理财家，河南（今洛阳）人。卜式理财与桑弘羊不同，卜式注重发展本业，鼓励耕牧；弘羊注重末业，发展工商。两种理财人物都是国家所需的，本末相辅相成，国家才能富强。

卜式少时以田牧为业，长于经营，又肯勤俭，家道小康，事亲孝顺。父母死后，抚育幼弟，及弟长成，把田宅财物全部留给兄弟，自己只取羊百头，进山区放牧。十年后，羊群发展至千余头，并积蓄起一批资财，才重置田宅，成家立业。这样，几乎是白手起家，却经营起兴盛的家业。而其弟不善经营，家业败落。卜式多次予以资助，使其免于破产。

卜式善于经营、理财，但他并不甘心于做一个田舍翁。他关心国事，急公好义，其精神境界高出常人，为当权者所不理解。当时匈奴常常扰边，掳掠人畜，为害国家民族。自高祖至文、景，历代与匈奴和亲，厚予馈赠，而匈奴仍然不断侵扰，有时甚至深入腹地，游骑迫近京城。为了抵抗匈奴的侵扰，朝廷募民迁徙塞下，屯田筑城，加强边防，这就需要大量经费、粮食、运输工具。卜式主动上书，自愿捐献家财之半资助边防之用。卜式本是一片爱国诚心，但在当时是一桩奇事，因为从未有人主动分出家产助边。朝廷认为事出蹊跷，因此特地派使者实地了解，问卜式是否企图出任官职，或家中有何冤屈需要上达。卜式坦然直说："当今朝廷抗击匈奴，是国家根本大计，有力者自当出力，有财者自宜捐

▲ 清·郎世宁《青羊图》

输,只有这样才可望早日消灭匈奴。"使者回去上报,武帝以此事征求丞相公孙弘的看法。公孙弘认为:"这种说法,不近人情。此人恐为'不轨之臣',不能作为教化的榜样而乱了法度。"于是对于卜式的捐献要求,竟没有作出回答。

几年后,朝廷组织大军出击匈奴,军费浩繁,仓库空虚。大批贫民迁往边塞,均仰赖政府发给安家费用,官家经济拮据,未能全面照顾。卜式闻此艰难情况,便自出钱二十万,捐献给河南郡守,让他转发给徙边的贫民。事后河南郡守造送富户认捐的名册,上报朝廷,武帝浏览名册,见有卜式其人,才相信他确有诚意,便传令发给他奖金,准备让他出来做官。然而卜式辞官不就,也不贪图赏钱,随即又把奖给他的巨款转赠给地方举办公益事业。

武帝深知富豪巨绅大多隐匿财产,生怕官府指名募捐;而卜式不但不隐匿财产,还主动一再认捐,两相比较,显得多么难得。于是召见卜式,赏他左庶长的爵位,赐给田地十顷,布告天下,目的是让人们以卜式为榜样,学习他这种急公好义的风格。同时任命卜式为中郎。卜式谢恩毕,表示自己只会从事畜牧生产,当不了官,坚决辞让。汉武帝说:"那就到上林苑替我牧羊吧。"卜式无可推辞,接受了任命。

卜式主管上林苑,一年以后,羊群肥壮,繁殖也快。有一天汉武帝游览上林苑,看到了变化,对卜式大为嘉奖。卜式乘机进谏说:"喂羊并无巧妙,只要按时牧放,听其自由,足食足饮,膘肥腿壮。治理老百姓也如同牧羊,只要使民以时,赋税有度,勿令饥馑,就可民殷国富。"

武帝听了,觉得卜式很有思想,是个治国人才,就试用他为缑氏县令,不久就政声远闻。接着调任成皋县令,按期考核,治绩一等,漕转山东

卜式养的羊群肥壮

粟，功居第一。卜式被迁为齐王太傅。

元鼎五年（前112年），汉武帝征两越，卜式上书，父子愿奔赴前线。汉武帝大为赞赏，赐爵关内侯，不久又升迁卜式为御史大夫。一年多以后，因反对桑弘羊被罢官。

卜式输财，父子要求从军，这是高尚的爱国品质。

平准书·卜式

天子乃思卜式之言，召拜式为中郎，爵左庶长[1]，赐田十顷，布告天下，使明知之。

> 天子想起卜式输财报效国家的话，便召来卜式任他为中郎官，左庶长的爵位，赐给他田地十顷，布告天下，让大家都知道此事。

初，卜式者，河南人也[2]，以田畜为事。亲死，式有少弟，弟壮，式脱身出分，独取畜羊百余，田宅财物尽予弟。式入山牧十余岁，羊致千余头，买田宅。而其弟尽破其业，式辄复分子弟者数矣[3]。是时汉方数使将击匈奴，卜式上书，愿输家之半县官助边。天子使使问式："欲官乎？"式曰："臣少牧，不习仕宦，不愿也。"使问曰："家岂有冤？欲言事乎？"

> 当初，卜式是河南人，以种田畜牧为业。父母死后，留下一个年幼的弟弟。等弟弟长大成人，卜式脱身分出，只要了家中一百多只羊，田宅等财物全部给了弟弟。卜式进山放牧羊群十几年，羊群达到一千多头，置买了田宅。而他的弟弟家业破产，卜式又几次把产业分给弟弟。当时汉朝正在不断地调兵遣将进攻匈奴，卜式于是给天子上书，愿意捐献家产的一半给国家资助边防。天子派使者问卜式："你是想做官吗？"卜式说："我从小放牧，没学过做官，不想做官。"使者问道："莫非家中有冤屈要申诉？想讲出来吗？"卜式说："我

---

1 左庶长：二十级爵中的第十级。
2 河南：郡名，郡治洛阳，即今河南洛阳市。
3 数（shuò）矣：很多次了。

式曰："臣生与人无分争。式邑人贫者贷之，不善者教顺之[1]。
平生与人无争，同邑的人贫穷的，我借钱给他；不善良的人，我劝导他。我居住地方的人都
所居人皆从式，式何故见冤于人？无所欲言也。"使者曰："苟
跟我和睦相处，我怎么会被人冤枉呢？我没有什么要申诉的。"使者说："既然这样，你这
如此，子何欲而然？"式曰："天子诛匈奴，愚以为贤者宜死
样做是为什么呢？"卜式说："天子讨伐匈奴，我认为贤者应尽忠效死疆场，有钱的人应捐
节于边，有财者宜输委[2]，如此而匈奴可灭也。"使者具其言入
献财产给国家，这样才能将匈奴消灭。"使者把他的话全部上奏天子。天子把这件事告诉丞
以闻。天子以语丞相弘[3]。弘曰："此非人情。不轨之臣，不可
相公孙弘。公孙弘说："这事不合人情，是不守本分的人，不应提倡，以免扰乱正常的法规，
以为化而乱法，愿陛下勿许。"于是上久不报式，数岁，乃罢
请陛下不要准许他。"因此天子很长时间没有答复卜式的上书。过了几年，就下令让卜式回去了。
式。式归，复田牧。岁余，会军数出，浑邪王等降，县官费
卜式回到家依旧种田放牧。过了一年多，赶上军队多次出征和浑邪王等来降，国家耗费很大，
众，仓府空[4]。其明年，贫民大徙，皆仰给县官，无以尽赡。卜
国库空虚。第二年，贫民大迁移，都靠国家供给，政府无力全部负担。卜式拿出二十万钱给
式持钱二十万予河南守，以给徙民。河南上富人助贫人者籍，
河南太守，用来供给移民费用。河南太守上奏朝廷富人资助贫民的名册，天子见到卜式的名字，
天子见卜式名，识之，曰："是固前而欲输其家半助边。"乃赐
仍记得他，说道："此人就是从前要捐出半数家产资助边防的人。"于是赏赐卜式四百人的"过

---

1 教顺：教训。顺，通"训"。
2 输委：捐献财产给国家。输，捐送。委，交付。
3 弘：即公孙弘。
4 仓府：仓廪府库。

▲ 元·佚名《上林羽猎图》局部

式外繇四百人。式又尽复予县官。是时富豪皆争匿财，唯式
更钱"（政府雇人代役钱），卜式又全部献给了政府。当时富豪都争相隐匿财产，唯有卜式
尤欲输之助费。天子于是以式终长者，故尊显以风百姓。
却要捐献财产帮助政府。天子认为卜式的确是个有德行的人，所以尊崇表彰他，以引导百姓。

初，式不愿为郎。上曰："吾有羊上林中，欲令子牧
起初，卜式不愿做官。皇上说："我有羊在上林苑，想让你去放牧。"卜式这才任
之。"式乃拜为郎，布衣屩而牧羊[1]。岁余，羊肥息。上过见
了郎官，他不穿官服而穿着布衣和草鞋去牧羊。一年多的时间，羊长得肥壮，繁殖得又多。
其羊，善之。式曰："非独羊也，治民亦犹是也。以时起
皇上路过看到羊群，称赞他。卜式说："不单是牧羊，治理百姓也该如此，按时起居，坏
居；恶者辄斥去，毋令败群。"上以式为奇，拜为缑氏令试
的立刻除掉不让他败坏一群。"皇上认为卜式不寻常，就任命他为缑氏县令试试，缑氏百
之，缑氏便之。迁为成皋令[2]，将漕最[3]。上以式为朴忠，拜
姓反映很好。升任为成皋县令，管理漕运，政绩出色。皇上认为卜式忠诚、朴实，任命他
为齐王太傅。
做了齐王的太傅。

其明年，南越反，西羌侵边为桀[4]。……齐相卜式上
后来南越反叛，西羌又侵犯边境逞凶。……齐相卜式给天子上书说："臣下听说，君主忧愁，
书曰："臣闻主忧臣辱。南越反，臣愿父子与齐习船者往
是为臣的耻辱。现在南越反叛，我父子二人愿意一同和齐国善于驾船的人去南越战场同其决一死战。"

---

1 布衣屩（qiāo）：不着官服，而穿平民衣服和草鞋。
2 成皋：汉县名，在今河南省荥阳市汜水镇。
3 将漕最：管理水运，成绩最好。
4 为桀：逞强，行凶。这里指西羌扰边为害。

死之。"天子下诏曰:"卜式虽躬耕牧,不以为利,有余

天子下诏说:"过去,卜式虽然亲自耕田放牧,但不是以此谋私利,有了剩余就捐助给国家使用。现

辄助县官之用。今天下不幸有急,而式奋愿父子死之[1],

在国家不幸有了急难,而卜式奋起自愿父子同往决战,虽然还没有实际参战,但内心的忠义已显现出来,

虽未战,可谓义形于内,赐爵关内侯,金六十斤,田十

特封赐给关内侯爵,赏黄金六十斤,田地十顷。"把卜式的事迹通告全国,全国并没有人响应。列侯

顷。"布告天下,天下莫应。列侯以百数,皆莫求从军

多的数以百计,却没有谁请求随军去西羌和南越作战。到了皇帝祭祀宗庙的时候,命少府检查诸侯所

击羌、越。至酎[2],少府省金[3],而列侯坐酎金失侯者百余。

献助祭之金的成色分量,由于所献助祭之金不合规定,因此而被削夺爵位的有一百多人。于是任命卜

乃拜式为御史大夫。

式为御史大夫。

1 奋愿:奋发宏愿。
2 至酎(zhòu):到酎祭宗庙时。酎,多次重酿的好酒,专用于祭祀,此指酎祭。
3 省金:检查诸侯所献助祭之金的分量、成色。

卜式输财急国难

晋灵公高台打弹（明内府彩绘本《春秋五霸七雄通俗演义列国志传》插图）

董狐良史不隐恶

春秋时晋灵公荒淫暴虐,他向老百姓征重税,喜欢弹人取乐,又滥杀无辜。晋卿赵盾多次劝谏,晋灵公不但不悔改,反而恼羞成怒,要杀害赵盾。但因赵盾贤明,有很高声望,晋灵公害怕杀害赵盾激起众怒,就派刺客阴谋暗杀,哪知刺客宁愿自杀,也不愿执行任务。于是晋灵公一不做,二不休,撕下假面具,公然召赵盾进宫,埋伏甲兵加害,结果赵盾被人救走,君臣矛盾白热化。赵盾无法在朝中立脚,逃出都城,但没有离开晋国国境。赵盾的族弟赵穿发动兵变在桃园杀死了晋灵公。赵穿杀晋灵公,这是以下犯上的弑君行为,按理说是大逆不道。由于晋灵公暴虐,赵盾很有声望,所以赵穿轻而易举弑君成功,事后晋人风平浪静,没有提出来追究灵公之死,因为大家都知道后台是赵盾。

晋国史官董狐却毫不含糊,他从当时的等级礼制立场看问题,即便是暴君,臣下也不能犯上,犯上即为弑君。史官是捍卫礼制原则的,于是他写下了"赵盾弑其君"的记录,展示在朝堂上,表示对赵盾的声讨。赵盾说:"弑君的人是赵穿。"太史董狐说:"你作为晋国执政大臣,身为正卿,外逃没有离开国境,回朝没有捉拿贼人,弑君的人若不是你的指使,谁有这么大胆。"赵盾无言以对,他也没有惩治太史。这条记录,"赵盾弑其君"收入了档案。

董狐的这条记载,传到了诸侯列国,引起了广泛的讨论,有的说董狐是一个正直的史官，记载得对；有的说赵盾是一个贤臣，不应该对他施加恶名。孔门弟子也纷纷争论，互不相让，他们找老师孔子来裁决。孔子说："董狐是一个好史官，他敢于直书，对任何人不加隐讳。"孔子又说："赵盾是一个好大臣，由礼制原则使他蒙受了恶名，这是令人遗憾的。赵盾要免掉恶名，他出逃时只要走出国境就可以了。"这个故事，今天看来，有些迂腐，但在当时却是很强的政治原则，对待原则，任何人都不能违反。董狐坚持原则记录事实，一语中的，孔子在这个意义上称赞他，仍然是有意义的。

赵盾安葬晋灵公后，另立了新君。赵盾没有给赵穿治罪，还派他为大使，到周王室去请回晋襄公之弟姬黑臀回来做了国君，这就是晋成公。

赵盾弑其君

董狐坚持原则写史

晋世家·赵盾

盾遂奔，未出晋境。乙丑，盾昆弟将军赵穿袭杀灵公于

赵盾避难外逃，但没有离开晋国疆界。乙丑那天，他的族弟赵穿将军在桃园杀了晋灵公，接回了

桃园而迎盾。赵盾素贵，得民和；灵公少，侈，民不附，故

赵盾。赵盾一向贵重，得到人民拥护；而灵公年少无知，又奢侈无度，人民并不亲附，所以杀他很容易。

为弑易。盾复位。晋太史董狐书曰，"赵盾弑其君"，以视

赵盾又恢复了原有的职位。晋国太史董狐记载说："赵盾杀了国君。"并把它拿给朝中大臣观看。赵盾

于朝。盾曰："弑者赵穿，我无罪。"太史曰："子为正卿，而

说："杀国君的是赵穿，我是无罪的。"太史董狐说："你是国家正卿，逃亡时没有出国境，回来又不

亡不出境，反不诛国乱，非子而谁？"孔子闻之，曰："董狐，

惩罚叛乱者，杀国君的不是你还有谁？"孔子知道后，说："董狐真是古代的好史官，记载历史而不替

古之良史也，书法不隐。宣子，良大夫也，为法受恶。惜也，

人隐瞒过失。赵宣子也是个好官，因守法而蒙受杀君的恶名。可惜啊，如果赵盾当时出了国境，就可以

出疆乃免。"

免除杀君的恶名了。"

赵盾使赵穿迎襄公弟黑臀于周而立之，是为成公。

赵盾派赵穿到周朝接回了襄公的弟弟黑臀，立为国君，这就是晋成公。

公仪休之为相

公仪休是春秋时鲁相,他为官清正廉直,有些近于迂腐,但他公私分明,一尘不染的高风亮节,确实是一面为仕者的高悬明镜。

公仪休喜欢吃鱼,甚至到了成瘾的程度。有一个客人特地给公仪休送来几条鱼。公仪休坚辞不受。客人很奇怪,说:"我听人说你特别喜欢吃鱼,专程给你送来的,为何不收?"公仪休幽默地回答说:"我正因为爱好吃鱼,一份微薄的俸禄还吃得起鱼。如果我收了你的鱼,因此而

公仪休拒收鱼礼

葵菜（清·邹一桂《蜀葵石榴轴》）

免了官，断了俸禄，那时谁还来给我送鱼，岂不是没鱼吃了吗？"一席话说得客人也哈哈大笑起来。公仪休的话，既有理，又委婉，却一针见血揭穿了送鱼人的目的。送鱼者是有求于公仪休，而不是对公仪休的嗜好施爱心。这个故事不仅表现了公仪休拒腐的高贵品德，还体现了他拒收礼物的高明艺术，在诙谐幽默中做了说服教育工作。作为一个国相，他拒腐蚀却又团结教育了人，实在高明。

公仪休的夫人勤劳贤淑。她在花园里种了一些葵菜，味道很美。夫人再种时，公仪休拔掉了葵菜秧子。公仪休认为高官有厚禄，生活有靠，不能去与小民争利。他的夫人又去织布，而且织布很精美。公仪休生气了。他休了夫人，烧了织布机，说："士农工商，各有一份口食，当官的争夺他们的口食，士农工商还有活路吗？"公仪休夫人种葵菜和织布，并不会砸了农工商的饭碗，但公仪休防微杜渐，制止当官的人与百姓争利，这精神无比伟大崇高。但公仪休为此休了妻，未免过分和迂腐。他的夫人勤劳持家反被逐，这可是受清廉拖累的冤案，讲这个故事也有替她平反的意思。

循吏列传·公仪休

公仪休者，鲁博士也，以高弟为鲁相[1]。奉法循理，无所变更，百官自正。使食禄者不得与下民争利，受大者不得取小。

公仪休是鲁国的博士，他凭着才学优异当上了鲁国宰相。他遵守法令，按章办事，对旧有章程，一律不随便改动，结果朝中百官谨守规矩。公仪休要求当官享受俸禄的人不得再去干别的事情和老百姓争夺利益，得了大利的人不能指望再去得小利。

客有遗相鱼者，相不受。客曰："闻君嗜鱼，遗（wèi）君鱼，何故不受也？"相曰："以嗜鱼，故不受也。今为相，能自给鱼；今受鱼而免，谁复给我鱼者？吾故不受也。"

有一次，一个客人给公仪休送来了几条鱼，公仪休不要。客人说："我是听说你喜欢吃鱼，所以才送鱼给你，你为什么不要呢？"公仪休说："因为我喜欢吃鱼，所以才不能要你的鱼。现在我是鲁国宰相，我自己买得起鱼；如果我因为要了人家的鱼而被免了官，那么以后谁还能够再给我鱼？所以我不能要。"

食茹而美[2]，拔其园葵而弃之。见其家织布好，而疾出其家妇，燔其机，云："欲令农士工女安所雠其货乎？"

公仪休吃菜时觉得特别新鲜，当他知道是自己家种的时，就去把自己家园子里的菜全拔了。当他看到自己家里的织布质地良好时，他就立刻休掉了妻子，烧毁了她的织机，说："如果做官的都像我这样自己种菜织布，那些农家织女生产的东西还去卖给谁呀！"

---

1. 高弟：选官被选者成绩优异者称高第。弟，同"第"。
2. 茹：葵菜。

李离过听断狱伏剑死

公元前636年，晋文公重耳回国主持国政。他专心治理朝政，礼贤下士，重用人才。所用之人，都能忠心耿耿，为他兢兢业业地工作。当时的司法官李离就是其中一位。

晋文公五年（前632年）的一天早上，正值文武百官早朝的时候，突然一个身穿囚衣、头戴枷锁的人走进宫殿，一直走到晋文公的座前，"扑通"一声便跪拜在地，口中说道："罪臣李离拜见国公，请国公发落。"晋文公和在场的群臣都愣住了，面面相觑。"这是怎么回事？"晋文公擦了擦眼睛，仔细地看了又看，没错，是他！"你，你……出了什么事，为何这副打扮？"这时旁边的群臣也认出了李离，不禁相互窃窃私语："这不是那位大名鼎鼎、秉公执法的李离吗？没听说过他有什么罪啊！"

这时，李离吃力地向文公又叩拜了三下，说道："我有罪，我有罪……"文公急忙从座位上走下来，双手扶起李离，命人打开枷锁，急急地说："爱卿是怎么回事，快快奏来。"李离遂将事情原委一一道出。

原来，这位李离是晋文公所重用的一位司法长官，主管晋国的司法大权，负责审理、判决各种刑事案件。李离生性刚直，为人做事一向谨慎、踏实，一丝不苟，凡所办之事，很少出现过差错。五年前，晋文公即位时正是看中了李离这一优点，认为用他为国家司法长官，可以确保晋国的法律得到公平地执行。李离上任后，也没有辜负晋文公的信任，对自己更加严格要求,恪守职责,克己奉公,公平断案。在处理各种案件时,总是十分谨慎,对每个环节都详细调查,对每个犯罪嫌疑人都要反复审问。他深知自己手中握有生杀大权,稍有疏忽,便会造成冤假错案。因此,不敢有丝毫的马虎和懈怠。五年来,所经手的案件数不胜数,但都没有出现过错判的情况。所以,一直受到文公的赏识,受到同僚及百姓的称赞。

可是,有一天李离被手下的一个亲信蒙蔽,错判了一个人的死刑。虽然这是唯一的一次错判,却事关人命,冤杀了一个人,这使李离极为后悔和痛心。他心中一直感到气闷,好像一块沉重的石头压在胸口上,心想:我判案五年了,从没出现过误判,但今天,我却错了,我有罪,我成了杀人犯……连续几天来,李离都闷闷不乐,无精打采,好像丢了魂似的,吃不下饭,睡不着觉,常常一个人在院子里喃喃自语。

妻子见他一连几天都这样,心中十分着急,一再追问下,李离才道出了事情的原委。妻子听了之后,耐心地劝慰他:"我还以为什么事情让你变成这样呢,不就是判错了一例案子吗?你想想,自你当上司法长官以来,所办案件数以千计,你都判得相当公正。这次又是因为你手下人撒谎才使你错判的,责任不全在你的身上,何必如此自责内疚呢?再则,国君又没追究你的责任,你就不要再想不通了。"妻子见李离没有反应,就拉着他的臂膀撒娇似的说:"夫君,你要想宽一点嘛,只要以后吸取教训,办案仔细一点就行了,别再自责了,好不好,我的好夫君!"

李离推开了妻子的手,打断了她的话说道:"你知道吗?法律是维系一个国家重要的制度,要求人人都要遵守的呀!法律规定杀人者必须偿命,

李离因错判而夜不能寐

  杀错了人就是触犯了法律，是应该受到处分偿命才对！"妻子流着眼泪，十分委屈地说："你偿了命，我怎么办？"李离深情地看了爱妻一眼，摇了摇头，沉重地叹了一口气。

  第二天一大早，李离就早早来到了日常审理案件的衙门，叫手下人取来囚衣和枷锁，自己脱下官服，换上囚衣，并戴上枷锁，深深地向曾经办案五载的衙门望了一眼，头也不回地大踏步向宫廷走去。于是便有了先前的一幕。李离如实说出了整个事情的原委后，就提出让晋文公处分自己，给那个被误杀的人偿命的要求。晋文公十分感动，没想到李离是如此的刚正不阿，真是难得的忠臣啊！赶忙安慰李离说："你作为晋国的司法长官，你应该比我懂得更多的法律吧！难道你不知道官有尊卑贵贱之分，惩罚也相应有高下轻重的区别吗？即使你犯了罪，也应该从轻处罚，够不上偿命。更何况这件案子是你错听了手下人的话才错判的，责任在你手下人身上，并非你的罪过呀！而且我们这个国家还需要你这样的人才，有许多案件要你去审理呢。今天这件事就算了，你也不要过分自责了，以后办案仔细点就是！"

李离断然地摇摇头说："我做这么高的官，在权力上从没有让给下属；领取那么高的俸禄，也没有分给下属。而今是我马虎草率，判断不明，冤杀了人，这怎么能把责任推给下属呢？如果这样的话，以后有的官员出了错就将责任推给下属，那国家将怎样来治理呢？罪臣要求以身正法！"

晋文公有点生气了，带着责备的口吻说："你一再认为自己有罪，将手下人的责任自己担上，那么你是我所用的人，这样一来，难道我也有罪吗？"

李离连忙说："家有家规，国有国法，谁违反了就该谁受到惩罚。这个案件既不是我手下人判的，又不是您断的，而是我错判了，当然有罪的是我，该偿命的也是我呀！更何况在五年前，您不正是认为我办事公正，能处理好国家的刑狱，才委以我司法长官这一重任吗？可是现在我辜负了您的信任，我没脸再见到您，我要求偿命。"

晋文公听了李离的这些话，也觉得颇有道理，心想如果不判李离有罪，恐怕难以服众。但像李离这样的忠臣的确难找啊，杀了多可惜！不行，我必须想一条两全之策。

晋文公沉思片刻后说："李离，你身为晋国的大法官，手握生杀大权，办案不经过详细认真地调查，草率判案，按法律规定，杀人须偿命。但念你五年来，一直恪守公职，秉公执法，从没出现过冤假错案。而今仅为首例，所以我宣布赦免你的死罪！"

在场的群臣一面为李离的举动所感动，又深感文公的高明判决与宽容，都纷纷围过来，劝慰李离道："行了，行了，用不着自责了，就算你是犯了大错，该判死刑，国公也赦免了你，快叩头谢恩吧！"

李离向晋文公谢恩，但还是说："不，有罪必罚，我有死罪，我要用生命来维护晋国的法律，报答国公！"

说完，他突然撕开衣服，抽出藏在怀中的一把十分锋利的短剑，猛地往脖子上一抹，一股鲜血喷洒而出。顿时，全场凝固了，所有人都惊呆了，就连晋文公也是好一阵子才回过神来，伏案号啕大哭着说："忠臣啊！忠臣啊！我失去了一位好忠臣！"并下令厚葬李离，抚恤其家属。

李离自刎殉职的消息很快在都城传开，街头巷尾的人们无不为之慨叹和惋惜："多好的法官啊！"在葬礼那天，全城百姓老小都身穿白衣，头裹白巾，臂戴青纱哭着去送葬。

李离伏剑殉职，使晋文公以此而止国法，朝政更加升明，法律更加公正、合理，官员更加认真工作，国家日益强盛起来。不久，晋文公成为春秋五霸之一。

晋文公称霸朝天子（明内府彩绘本《春秋五霸七雄通俗演义列国志传》插图）

循吏列传·李离

李离者，晋文公之理也[1]。过听杀人[2]，自拘当死。
李离，是晋文公的法官。因为错误地听信了某些话而杀了不该杀的人，发现后，他就把自己关起来，

文公曰："官有贵贱，罚有轻重。下吏有过，非子之罪也。"
给自己判了死罪。晋文公说："官职有高低，刑罚有轻重。错杀是下面的官吏们的错误，不是你的罪过。"

李离曰："臣居官为长，不与吏让位；受禄为多，不与下分利。今过听杀人，傅其罪下吏[3]，非所闻也。"
李离说："在我被任命为他们的长官的时候，我没有向他们推让；当我得到俸禄比他们多的时候，我也没有把俸禄分给他们。现在我偏听偏信错杀了人，却把罪过推给下级，这样的事没听说过。"他坚决推辞，

辞不受令。文公曰："子则自以为有罪，寡人亦有罪邪？"
不接受晋文公的宽免。晋文公又说："你这样认为自己有罪，照这逻辑推起来，是不是我也应该算是有罪？"

李离曰："理有法，失刑则刑，失死则死。公以臣能听微决疑[4]，故使为理。今过听杀人，罪当死。"
李离说："法官应该依法办事，用错了刑，自己就该受刑；杀错了人，自己就该被杀。您认为我能够明察秋毫，判断疑案，才让我做法官的。现在我杀错了人，按罪理应处死。"于是就没听晋文公的拦阻，

遂不受令，伏剑而死。
而引剑自杀了。

---

1 理：大理，司法之官。
2 过听杀人：轻信汇报而判错案子杀了人。
3 傅其罪下吏：诿罪于下级官吏。傅，即附，加也。
4 听微决疑：审断细微，能断疑难案件。

石奢追盗纵父自裁

李离死后一百余年，楚国出了一个石奢，他纵父而死，维护国法，使楚昭王名声大振。

楚昭王的父亲楚平王，听信小人，杀戮忠臣，法制混乱，使楚国遭受大难，差点亡国。楚平王杀了忠臣伍奢和伍奢的长子伍尚，伍奢的小儿子伍员投奔吴国，借兵报仇，于公元前506年攻破楚国，其时楚平王已死，楚昭王蒙难，逃入山中，差点被人杀死。伍员掘了楚平王的墓，鞭尸三百，以雪胸中之恨。楚昭王复国以后，励精图治，特别重视司法，任用清廉忠臣。石奢有很好的政声，昭王便提拔他为相。

石奢执法，不避贵戚。他还走出国都，经常巡行乡邑，了解民情。有一次他巡行时，碰上了一桩杀人案。石奢带领众人，亲自追捕，捉拿了杀人犯，却发现是自己的父亲。于是，石奢放了父亲，回到都城，自己穿上囚衣，带上刑具，住到牢里。他派人向楚昭王报告了实情，说："杀人犯是臣的父亲，儿子拿父亲正法，犯不孝之罪；儿子纵放了要犯，亵渎了法律，不是一个忠臣。臣不忠不孝，应当判死罪，请求大王执行。"

楚昭王听了石奢来人的报告，非常感动，他不想杀害这样的忠臣，于是替臣子开脱。楚昭王说："追捕杀人犯没有追上，这有何罪？石奢赶快出来办公，处理国事。"

石奢不接受昭王的诏令，他说："我不偏袒父亲，就不是孝子；我违

伍子胥率兵攻楚都（明内府彩绘本《春秋五霸七雄通俗演义列国志传》插图）

石奢自己戴上枷锁

法纵犯，就不是个忠臣。我活下来，忠孝不能两全，我死了就忠孝两全。纵放父亲，我做儿子的尽了孝；我违法纵犯，身负法律责任，这就保全了忠臣的名分。个人荣辱是小事，维护国家法律尊严是大事。大王赦罪，是表现了国君的宽厚，我不逃死，是臣子的职责。"石奢说完，自杀而死。这件事震动了楚国，昭王宽厚英明，臣子兢兢业业，使楚国从衰落又走向了复兴。

循吏列传·石奢

石奢者，楚昭王相也，坚直廉正，无所阿避[1]。行县，道有杀人者，相追之，乃其父也。纵其父而还自系焉。使人言之王曰："杀人者，臣之父也。夫以父立政[2]，不孝也；废法纵罪，非忠也。臣罪当死。"王曰："追而不及，不当伏罪，子其治事矣。"石奢曰："不私其父，非孝子也；不奉主法，非忠臣也。王赦其罪，上惠也；伏诛而死，臣职也。"遂不受令，自刎而死。

---

1. 阿：徇私情。避：惧怕权势。
2. 以父立政：惩办犯法的父亲来严肃法纪。

▲ 清·陈士倌《圣帝明王善端录·汉文帝》

张释之循法办案

张释之，字季，西汉南阳郡堵阳县（今河南省方城县东）人，生卒年不详。张释之是西汉文景时代的名臣，他官至廷尉，长期主管司法，执法公平，不避贵戚，使西汉政治走上正轨。下面几个故事，就是张释之对西汉法治建设所做的重要贡献。

张释之家资富有，由兄长捐资为郎。西汉郎官，掌守宫门，出充车骑，是皇宫警卫。由于郎官接近天子，他们受到恩宠就会拜受官职，因此郎官也是一种候补官，多至千人，无定员。由于张释之生性耿直，不善人际，为郎十年，没被选用。有一天他长声叹息道："久为郎官而不显达，白白耗费兄长的资财！"便提出辞职归家。他的上司中郎将袁盎是一个器重人才的廉直官员，他了解张释之，就向汉文帝作了推荐，获得汉文帝恩准，任命张释出补谒者。汉文帝接见，张释之谢恩，并借这机会陈述政见。汉文帝很高兴，也想借这机会试试张释之的才学，就说："你不要高谈阔论，开门见山说出你的治国政见。"张释之从容不迫讲秦汉变迁，说了秦之失天下，汉之得天下的原因，博得了汉文帝的称赞。汉文帝当即加官，拜他为谒者仆射。不久，又迁转为公车令。

公车令负责在宫门接待上访官员。有一天太子刘启和其弟梁王刘武同坐一辆车，直闯司马门。按法规，任何官员到司马门都要下车步行，以表示对皇帝的尊崇。司马门属公车令主管的接待前厅。张释之见太子和梁王闯司马门不下车，别人不敢阻拦，他亲自追上去扣住了太子车，不接受太子的说情，立即上奏弹劾。太子的人赶快奏报祖母薄太后。汉文帝见母亲生了气，深感不安，只得手捧皇冠向太后请罪，口称"教儿子不严"。便由太后下旨赦免太子、梁王，张释之这才放行。这件事使得汉文帝称奇，十分器重张释之，调升他为廷尉，主管最高司法机关，为九卿之一。不过太子却对张释之怀恨在心。

张释之为廷尉，不负文帝所托，秉公断案，依法量刑，执法人员也一身正气，全国案件大幅度减少，政清民和，这是文景之治的一大标志。由于张释之天性耿直，常常为断案的事与汉文帝争执，每次都是汉文帝让步，说："廷尉有理。"汉文帝不愧是一位贤君。

一天，文帝出行，路过中渭桥，一个人从桥下窜出，銮驾马匹受惊，文帝险些被掀下车。那人被捕后，交付廷尉治罪。张释之审问他，他说："我就是长安人，听说皇上到此，来不及回避，只好隐藏在桥下。等了很久，以为皇上车驾已过，岂知出来正遇上，便慌忙逃走，其余一概不知。"根据汉律，皇上出行时要开路清道，禁止通行；禁行令下达后，在该地段违犯禁令者，罚金四两。因此，张释之判决此人犯禁，当罚金，并奏请皇上。文帝见奏章，大怒，说："那人惊吓吾马，幸赖那马温顺，若是烈马，不就令我翻车受伤了吗？而你只判罚金，太轻了。"张释之理直气壮地回答说："法律，是天子与万民共同遵守、公正无私的。依法对那人的罪行只能如此判决。若还要加重，是让法律失信于民。在刚抓住那人时，陛下令人把他杀了，此事也就罢了。如今既已交付廷尉，廷尉是国家公正执法的机构，这又一次若听陛下之言而偏私，那么，全国上下执法也都随意减刑加刑，百姓便不知如何是好了。诚望陛下明鉴！"文帝听后消了气，沉

张释之依法量刑

思后说:"你的判决是对的。"

有一次,有贼偷盗了高祖刘邦陵庙里的玉环,被抓住。文帝令交廷尉治罪。根据汉律,盗宗庙服御物者,当斩首后抛尸市井。张释之据此奏请行刑。文帝听了大怒,指着张释之说:"那贼人丧尽天良,竟斗胆盗先帝陵庙内的器物。我交付廷尉,是想诛尽他的九族,而你却讲什么依法判处,违背了我维护祖宗尊严的心意。"张释之立即摘下官帽,跪下请罪,说:"法律是这样制定的,也只能这样判刑,况且已经是死罪了。现在盗宗庙器物就用诛灭九族之极刑,恕臣直言,万一有愚民挖掘高祖陵墓,那时陛下将何以加罪呢?"文帝无言以对,只好向太后禀明,同意了廷尉的裁决。

那时,中尉条侯周亚夫、梁国相山都侯王恬开看到张释之直言敢谏,

张释之循法办案

按律量刑，决狱公正，都主动和他结为亲密朋友。张释之因此也受到天下人的称赞。

公元前157年，文帝死，太子即位，这就是景帝。景帝初登帝位，不便向张释之发泄怨恨，但一年后，景帝找了个借口，罢了张释之的廷尉官职，降职为淮南相。后来张释之年老病死在任上，还算得了善终。

张释之冯唐列传

张廷尉释之者,堵阳人也,字季。有兄仲同居。以訾
_{张廷尉释之,是堵阳县人,字季。他与哥哥张仲住在一起。因家庭富有符合条件}
为骑郎[1],事孝文帝,十岁不得调,无所知名。释之曰:"久
_{做了骑郎,事奉孝文帝,十多年没有被提升,也没有什么名气。张释之说:"久做郎官}
宦减仲之产,不遂[2]。"欲自免归。中郎将袁盎知其贤,惜
_{消耗哥哥的钱财,自己也不满意。"打算辞官回家。中郎将袁盎知道他很能干,可惜他}
其去,乃请徙释之补谒者[3]。释之既朝毕,因前言便宜事。
_{离去,就请调升张释之候补谒者。有一天朝会结束时,张释之上前趁便奏说应当兴革的}
文帝曰:"卑之,毋甚高论[4],令今可施行也。"于是释之言秦
_{政事。文帝说:"说简单些,不要高谈阔论,只讲可以实施的实事。"于是张释之谈论}
汉之间事,秦所以失而汉所以兴者久之。文帝称善,乃拜
_{秦汉兴亡的事,秦为什么亡,汉为什么兴,说得很长。文帝叫好,就升任张释之为谒者}
释之为谒者仆射。
_{仆射。}

---

1 以訾(zǐ)为骑郎:骑郎,郎中令属官,为皇帝侍卫,出充车骑,入掌门户。汉制,二千石高官及近侍之臣可任子为郎,地方家资十万以上者可选补为郎。訾,通"赀"。以訾为郎是入选条件,非以訾买郎。訾郎要自备衣饰鞍马,故下文云"久宦减仲之产"。
2 不遂:不遂心,不满意。
3 谒者:郎中令属官,职掌接收文奏,通报传达。
4 卑之:降低调子,谈些现实的事。

上拜释之为公车令[1]。顷之，太子与梁王共车入朝[2]，不下司
后来，汉文帝委任张释之为公车令。不久，太子与梁王同车入朝，到了司马门没有
马门[3]，于是释之追止太子、梁王无得入殿门。遂劾不下公门不
下车。于是张释之阻挡了太子和梁王进入殿门，立刻弹劾太子与梁王不下司马门的不敬
敬[4]，奏之。薄太后闻之，文帝免冠谢曰[5]："教儿子不谨。"薄太
行为，上奏皇帝。薄太后知道了这件事，汉文帝摘下帽子向太后赔罪说："教育儿子不
后乃使使承诏赦太子、梁王，然后得入。文帝由是奇释之[6]，拜
严格。"薄太后派人赦免了太子和梁王，然后才进了殿门。汉文帝由此更加器重张释之，
为中大夫[7]。
升任他为中大夫。

　　顷之，至中郎将。从行至霸陵，居北临厕。是时慎夫人
不久，张释之任中郎将。随从皇上出行到霸陵，站在霸陵的北坡。这时慎夫人随从
从[8]，上指示慎夫人新丰道，曰："此走邯郸道也[9]。"使慎夫人鼓
文帝身旁，皇上指着陵下的新丰道说："这条路指向邯郸。"让慎夫人鼓瑟，皇上接着瑟

---

1. 公车令：卫尉的属官，掌殿门、司马门，夜巡宫中。天下上书及贡献物品皆由公车令接收上送。
2. 太子：即后之汉景帝刘启。梁王：名武，文帝次子，景帝之同母弟。
3. 司马门：汉宫的外门。当时禁令，凡出入司马门的都要下车步行，"不如令，罚金四两"。
4. 劾（hé）：揭发罪状。
5. 谢：认错、认罪。
6. 奇：器重。
7. 中大夫：郎中令的属官，掌议论。
8. 慎夫人：文帝宠姬，邯郸人。
9. 走：通往，去。

瑟，上自倚瑟而歌，意惨凄悲怀，顾谓群臣曰："嗟乎！以北
的曲调唱起了歌，心里很凄惨悲伤，回过头来对群臣说："唉！用北山的石头为椁，再用

山石为椁，用纻絮斫陈[1]，蔌漆其间，岂可动哉！"左右皆曰：
剁碎的丝帛和着漆填在缝隙上，这样的陵墓难道还能打得开吗？"左右的人都说："这样好。"

"善。"释之前进曰："使其中有可欲者，虽锢南山犹有隙[2]；使
张释之上前进言说："如果墓中有可贪图的东西，即使用铁水浇铸了整个南山仍然有缝隙；

其中无可欲者，虽无石椁，又何戚焉[3]！"文帝称善。其后拜
如果墓中没有可贪图的东西，即使没有石椁，又忧虑什么呢！"文帝称赞说得好。后来提

释之为廷尉。
升张释之为廷尉。

顷之，上行出中渭桥，有一人从桥下走出，乘舆马惊。
不久，皇上出行过中渭桥，有一个人从桥下跑出，惊吓了皇上车驾的马匹，于是派

于是使骑捕，属之廷尉。释之治问[4]，曰："县人来[5]，闻跸，
随从骑兵追捕，交给了廷尉。张释之审问，那人说："我从乡下来，听到戒严令，就躲

匿桥下。久之，以为行已过，即出，见乘舆车骑，即走
到桥底下。等了很长时间，我以为皇帝的车驾已经过去了，就走出来，忽然看到皇帝的

耳[6]。"廷尉奏当：一人犯跸，当罚金。文帝怒曰："此人亲
车驾刚到这里，我一惊慌就跑起来了。"廷尉上奏判处决定：违反戒严令，判处罚款。

---

1 用纻絮斫（zhuó）陈：用纻麻絮等物切碎填塞棺椁缝隙。斫，斩，切碎。陈，排列，此处为塞严。
2 锢：以金属熔液铸牢、封闭。
3 戚：忧虑。
4 治问：审问。
5 县人：从县上来，即乡下人。
6 走：逃跑。

惊吾马，吾马赖柔和，令他马，固不败伤我乎？而廷尉乃
文帝发怒说："这人直接惊了我的马，幸亏这马性情温顺，如果是其他的马，岂能不翻
当之罚金！"释之曰："法者，天子所与天下公共也。今法
车摔伤我吗？而廷尉才判处罚款！"张释之说："作为法令，是天子和天下人共同遵守的。
如此而更重之，是法不信于民也。且方其时，上使立诛之
现在按法令量刑只应如此，如果加重判处，这样法令就不能取信于民了。况且在现场抓住，
则已¹；今既下廷尉，廷尉，天下之平也，一倾而天下用法皆
就地正法也就罢了；现今既然交给了廷尉，廷尉就是为天下人公平执法的人，如果一旦
为轻重²，民安所措其手足？唯陛下察之。"良久，上曰："廷
倾斜，那样整个天下的执法就可以任意轻重，那老百姓就无所适从了。希望陛下认真考虑。"
尉当是也。"
过了好一阵，皇上才说："廷尉的判处是对的。"

其后有人盗高庙坐前玉环，捕得，文帝怒，下廷尉治。
后来有人偷了高帝庙内座前的玉环，抓到后，文帝极为生气，交给廷尉治罪。
释之案律盗宗庙服御物者为奏，奏当弃市。上大怒曰："人
张释之依照律令偷盗宗庙衣物家什的量刑标准判处上奏，应当弃市。文帝大怒说："这
之无道，乃盗先帝庙器。吾属廷尉者，欲致之族，而君以
人大逆不道，竟敢偷盗先帝庙内的器物。我交给廷尉的意思，想判他灭族，而你只依
法奏之，非吾所以共承宗庙意也。"释之免冠顿首谢曰："法
法令条文上奏，违背了我恭奉宗庙的本意。"张释之脱帽叩头告罪说："依法判处这
如是足也。且罪等，然以逆顺为差。今盗宗庙器而族之，
已经是最重的了。再说同等的罪，还要按顺逆的情节区别量刑。如果今天把偷盗宗庙

---

1 立诛：就地正法。
2 倾：不平。为轻重：随意解释法律，可轻可重。

▲ 汉 龙纹玉环

有如万分之一，假令愚民取长陵一抔土[1]，陛下何以加其法
器物的罪判处灭族，假如有万分之一的可能，愚民挖了长陵一抔土，陛下怎么去添加

乎？"久之，文帝与太后言之，乃许廷尉当。是时，中尉条
罪刑呢？"过了很久，文帝与太后谈论这件事，才称赞廷尉判得对。这时中尉条侯周

侯周亚夫与梁相山都侯王恬开见释之持议平，乃结为亲友。
亚夫与梁王相山都侯王恬开看到张释之议论公允，就结交为密友。张廷尉从此被天下

张廷尉由此天下称之。
人称赞。

---

1 取长陵一抔（póu）土：意谓盗高祖墓。长陵，刘邦的陵寝，在今陕西省咸阳市东北。一抔土，一捧土，盗墓的讳称。

张释之循法办案　061

魏其侯受赐千金不入家

俗话说："伴君如伴虎。"这话一点不假。官场生活，极其微妙，权力斗争，高于一切，父子兄弟，骨肉亲情，也挡不住权力争夺。西汉文帝、景帝，号称圣明，而宫廷斗争也十分激烈而微妙。外戚魏其侯窦婴是景帝母亲窦太后的侄儿，与景帝是表兄弟。景帝皇后王氏的同母异父弟田蚡，封武安侯。窦婴、田蚡两人都是外戚，依靠裙带关系做了三公高官，到了武帝时，窦、田争权，互相倾轧，田蚡靠王太后支持取胜，窦婴被腰斩，灭族。《魏其武安侯列传》写的就是以窦、田斗争为主线的西汉盛世下的宫廷斗争，揭示封建社会官场上的权力之争，很有思考意义。这个故事只讲在景帝时窦婴的升沉，这是一面折射在脉脉温情面纱后面的宫廷人际关系，十分曲折有趣。

窦婴虽为外戚，但本人生性耿直，不失为一个廉正的官员。景帝即位后，窦婴官拜詹事，主管皇后、皇太后的生活事务，显然这是窦太后的照顾。窦婴是窦太后可以依靠的最亲的娘家人，窦婴做詹事，窦太后最放心。

景帝的亲弟梁王刘武，窦太后最疼爱。梁王进京朝见，窦太后留他在宫中盘桓宴饮。景帝当时年轻，还没有立太子，自小与弟弟也十分友爱。有一天吃饭时，景帝高兴，讨好母亲，就违心地说了一句话："我千秋之后，传位给梁王。"窦太后非常高兴。窦婴在旁陪酒，他一本正经严肃起来，立

汉景帝接受罚酒

即给景帝敬酒,谏阻景帝说:"天下是高祖皇帝定下的,祖宗规矩传子不传弟,皇上怎能私自传给梁王!"窦婴的敬酒,是对景帝失言的罚酒。天子无戏言,景帝说完也后悔自己失言,正好他接过窦婴的罚酒一饮而尽,也就算收回了失言。窦太后不高兴了,心里骂窦婴胳膊往外肘。窦太后使了性子,不认窦婴做侄儿,不让进宫朝请,在宗族簿上除了名,因而也削除了出入宫门的名籍。窦婴也嫌詹事官小,也使性子不向姑姑窦太后赔礼,竟辞职不干闲居在家。窦婴帮了景帝的忙,景帝心里很高兴,找机会提拔窦婴。

景帝三年(前154年)吴楚七国反汉,景帝拜周亚夫为将军出征,另外找一个宗室或外戚做大将军,代表皇帝监军。景帝认为别的人中没有一个人的才干能赶得上窦婴的。景帝召窦婴进宫,窦婴推辞。景帝生气说:

魏其侯受赐千金不入家

"国家为重，还要个人脾气吗？"窦太后也感到宗族除名窦婴太过分，恢复了名籍。窦婴就任大将军，推荐了一批贤才。景帝和窦太后表示亲近，特地厚赐大将军。窦婴也不含糊，真心以国家利益为重。他把景帝赏赐的千金摆在官衙走道上，让参拜的出征将领分光了。

吴、楚七国兵败后，窦婴因功封为魏其侯。贤士大夫都争着与窦婴交好，窦婴的威望达到顶点。景帝加官窦婴，让他做太子太傅。过了几年，景帝废了栗太子，魏其侯强谏也没奏效，窦婴又使性子辞官。景帝感到丢了面子，心里怀恨窦婴。

桃侯刘舍免相，窦太后多次对景帝提出任命窦婴做丞相。群臣也认为丞相非窦婴莫属。这时景帝已改变了心态，他不喜欢窦婴，就借口说窦婴沾沾自喜，狂傲使性子，不是做丞相的材料，于是改用卫绾为丞相。直到景帝死后，汉武帝即位，因年幼，窦太后垂帘听政，窦婴才做了丞相。过了几年，窦太后死，窦婴从此走了下坡路，直到被田蚡诬陷，灭族。

窦婴（明内府本《御制外戚事鉴》）

魏其武安侯列传

魏其侯窦婴者[1]**,孝文后从兄子也**[2]**。父世观津人。**
魏其侯窦婴,是孝文帝窦皇后堂兄的儿子。从他的父亲以上,世世代代都住在观津。窦婴喜**喜宾客。孝文时,婴为吴相,病免。孝景初即位,为**欢结交宾客。孝文帝在位时,窦婴做过吴国丞相,后来因为有病免官。孝景帝刚即位时,窦婴又被任**詹事**[3]**。**
命为詹事。

梁孝王者[4]**,孝景弟也,其母窦太后爱之。梁孝王朝,因**
梁孝王是孝景皇帝的同胞兄弟,他的母亲窦太后非常偏爱他。有一次梁孝王进京朝贡时,和孝景**昆弟燕饮。是时上未立太子,酒酣**[5]**,从容言曰**[6]**:"千秋之后**
帝一起以兄弟的身份举行家宴,这时皇上还没有立太子,当大家喝酒喝得非常畅快时,孝景帝顺口随便说**传梁王。"太后欢。窦婴引卮酒进上,曰:"天下者,高祖**
道:"等我死了之后我把帝位传给梁王。"窦太后听了心里非常高兴。这时窦婴立刻端起一杯酒上前拦阻**天下,父子相传,此汉之约也,上何以得擅传梁王!"太后**
景帝说:"汉朝的天下是高祖打下来的,我们汉朝的规矩是父子依次相传,您怎么能够随便改变章程传给

---

1 魏其:汉县名。窦婴采邑,县治在今山东省临沂市东南。
2 孝文后:即窦太后。从兄子:堂兄之子。
3 詹事:官名,主管宫中皇后、太子的日常事务。
4 梁孝王:名刘武,景帝弟。
5 酒酣(hān):饮酒正高兴。
6 从容言:和缓而悠闲地说。

由此憎窦婴。窦婴亦薄其官[1]，因病免。太后除窦婴门籍[2]，

梁王呢!"窦太后一听很不高兴，从此心里嫉恨窦婴。窦婴也正嫌自己的官小，赌气推说有病辞职不干了，

不得入朝请。

而窦太后也狠心地削除了窦婴出入宫廷的名籍，不让他再进宫朝见皇帝。

孝景三年，吴楚反，上察宗室诸窦毋如窦婴贤[3]，

孝景帝三年，吴、楚等国发动了叛乱，皇上观察当时刘氏本族和窦氏外戚子弟们没有一个能有

乃召婴。婴入见，固辞谢病不足任。太后亦惭。于

窦婴那样的才能，于是就把窦婴找了来。窦婴进了宫，皇上向他说明了自己的意思，窦婴推说有病，说

是上曰："天下方有急，王孙宁可以让邪[4]？"乃拜婴

自己实在没有能力担此重任。窦太后这时对自己过去的做法也感到很惭愧。皇上对窦婴说："国家眼下

为大将军[5]，赐金千金。婴乃言袁盎、栾布诸名将贤

正处在紧急关头，王孙你难道还能再推辞吗？"于是就任命窦婴为大将军，赐给他黄金千斤。窦婴受命

士在家者进之。所赐金，陈之廊庑下，军吏过，辄

后，随即又向孝景皇帝推荐了袁盎、栾布等一些在家闲居的将领和贤士。窦婴回来后把皇上赏给他的黄

令财取为用[6]，金无入家者。窦婴守荥阳[7]，监齐赵兵。

金全数都摆在军部议事厅的走廊里，让自己手下的军官们根据自己的需要随便拿着用，他自己一点也不

七国兵已尽破，封婴为魏其侯。诸游士宾客争归魏

往家里拿。后来窦婴东出驻守荥阳，监督策应前往齐国、赵国讨伐叛乱的汉朝军队。七国叛乱平定后，

---

1 薄其官：看不起詹事这个小官。
2 门籍：出入宫门的名籍。籍为二尺竹牒，上记姓名、年纪、形貌，出入宫门的凭证。
3 宗室：皇室子弟。诸窦：外戚窦氏子弟。
4 王孙：窦婴的字。
5 大将军：汉太尉或置或废，因设大将军掌征伐。
6 财：通"裁"，酌量。
7 荥阳：军事重镇，在今河南省荥阳市东北。

其侯。孝景时每朝议大事，条侯、魏其侯，诸列侯
窦婴被封为魏其侯。当时有许多游说之士和宾客们都争先恐后地来投奔他。朝廷商议国家大事的时候，

莫敢与亢礼[1]。
周亚夫和窦婴的地位最高，其他列侯谁也不能跟他们两个分庭抗礼。

孝景四年，立栗太子，使魏其侯为太子傅[2]。孝景七年，栗
孝景帝四年，立栗姬生的儿子刘荣为太子，任命窦婴为太子的师傅。孝景帝七年，太子刘荣被废，

太子废，魏其侯数争不能得。魏其谢病，屏居蓝田南山之下
窦婴为此多次力争均未能挽回。于是窦婴遂推说有病辞职不干了，他隐居在蓝田县的南山下一住就是几

数月，诸宾客辩士说之，莫能来。梁人高遂乃说魏其曰："能
个月。窦婴门下的那些宾朋说客们百般劝说，窦婴就是不出来。这时一个名叫高遂的梁国人对窦婴说："能

富贵将军者，上也；能亲将军者，太后也。今将军傅太子，
够让您富贵的，是皇上；和您关系最近的，是太后。您给太子做师傅，太子被废时，您不能劝阻；劝阻

太子废而不能争；争不能得，又弗能死。自引谢病，拥赵女[3]，
不成时，您又不能自杀。到头来您只是推说有病整天搂着美女，躲在家里不去上朝。把您装病和实际干

屏闲处而不朝[4]。相提而论，是自明扬主上之过。有如两宫螫将
的一对比，不是分明显出您对皇上的不满吗？有朝一日要是皇上和太后合起来整您，那时您恐怕就要被

军[5]，则妻子毋类矣[6]。"魏其侯然之，乃遂起，朝请如故。
满门抄斩了。"窦婴一听有理，于是立刻由山里出来又去照常上朝了。

---

1 亢礼：行平等之礼。亢，同"抗"，对等，平等。
2 太子傅：官名，有太子太傅、少傅两职，掌辅导太子。
3 赵女：古时赵地女子多为倡优，故以赵女泛指美女。
4 闲处：闲居，指不上朝。
5 两宫：东西两宫，代指太后、皇帝。长乐宫为东宫，太后所居。未央宫为西宫，皇帝所居。螫（shì）：蜂蝎用尾针刺人。这里喻两宫若忌恨而怒必加害。
6 妻子：这里指一家大小。毋类：绝种，指全家遭诛。

桃侯免相[1]，窦太后数言魏其侯。孝景帝曰："太后岂以为
桃侯刘舍被免去丞相后，窦太后一连几次地谈到让窦婴为丞相。孝景帝说："您难道以为我是有

臣有爱[2]，不相魏其？魏其者，沾沾自喜耳，多易[3]。难以为相，
什么吝惜，才不让窦婴当丞相吗？不是的，窦婴这个人，容易自满骄傲，举动轻率，很难让他做丞相，

持重。"遂不用，用建陵侯卫绾为丞相。
担当国家重任。"于是就没有任用窦婴，而任用了建陵侯卫绾。

1　桃侯：指丞相刘舍。
2　臣：景帝对太后自称。有爱：有所吝啬。
3　多易：十分轻率。

元·王蒙《夏山高隐图》

恭谨故事 四则

万石君父子忠孝

祖籍于赵国的石奋,在赵灭亡之后,迁到温县。高祖刘邦东进攻打项籍经过河内时,才十五岁的石奋,就开始做事奉刘邦的小官。每次刘邦与他谈话时,他总是恭恭敬敬,很有礼貌地回答。一次刘邦问他:"你的家里都有些什么人哪?"石奋回答说:"我家里只有双目失明的母亲和一个会弹琴的姐姐,家境很贫困。"刘邦听后,对他说:"你愿意跟随我吗?"石奋说:"我愿尽心竭力为您做事。"他的回答使刘邦非常满意,于是,刘邦就下令封他的姐姐为嫔妃,任用石奋做掌管清洁卫生的侍从官,并兼管传达的差使。因为他的姐姐为嫔妃,家也就迁到长安城的戚里(外戚集居处)。

汉文帝的时候,根据石奋的功绩,官升至掌管论议的太中大夫。石奋不懂经学儒术,但为人恭谨,这一点没有人可以与他媲美。后来,东阳侯张相如为太子太傅被免职,文帝选做太傅的人,大家都推荐石奋,于是他就做了太子太傅。景帝即位以后,因为石奋能按章办事,又能亲近朝中官员,景帝也很敬佩他,石奋先担任九卿,后来转迁为诸侯相。景帝末年,石奋按上大夫俸禄告老还乡。石奋有四个儿子,也都因为为人善良、待上恭敬、孝顺父母、办事谨慎而得到重用,俸禄都到二千石级。当时景帝就说过:"石君和他的四个儿子都是二千石级,合起来一万石尊贵荣耀竟集中在他一家了。"从此大家就称石奋为万石君。

万石君非常注重礼仪。在他当朝做官时,每次路过皇宫门前,必定要

万石君石奋一家

下车趋身而过,看到皇帝的车马就手伏车前横木表示敬意,就是他家办理丧事也都遵照石奋的教导像他一样从不苟且。他的子孙在朝中做小官回家看他,万石君也一定要穿上朝廷给的礼服接见他们,并且从不直呼他们的名字。有时皇上赏赐给他们家的食物,也如同在皇上面前一样,一定跪拜行礼,弯腰低头食用。

万石君治家非常严格。建元二年(前139年),郎中令王臧因为在推行儒家学说时而贬低道家,得罪了窦太后,被下狱,后来自杀而死。窦太后认为儒生外表修饰过多,而实质欠缺俭朴。由于万石君一家不多说话,又能身体力行,因而就让万石君的长子石建做郎中令,小儿子石庆做内史。一次石庆酒醉回家,行至外门没有下车,万石君听到这事后,气得不吃饭,心里非常不满。石庆知道后十分害怕,就去衣露体请求恕罪,万石君仍不答应。后来全族人和大儿子石建都去衣露体向万石君请罪,万石君责备石庆说:"在朝做内史是一个显贵的人,进入乡里,乡里年高的人都走开回避,而你坐在车里自由自在,这样对吗?"便叫石庆走开。从此以后,石庆等人回家都趋步行走。在他家里,成年的子孙,即使闲居也都必须穿戴整齐,就连奴仆也很谨慎规矩,显出一派严肃恭谨和悦的气氛。长子石建在朝做官每五天才能休假拜见父亲。尽管石建年老头白,对健壮无病的父亲万石君,也总私下向仆人要来父亲的内裤、溺器,亲自给予洗涤,然后再交给仆人,并且从来不让父亲知道。元朔五年(前124年),万石君去世,石建痛哭流涕,心情极为悲伤。一年后,石建也死了。万石君的子孙都很孝顺,其中大儿子石建为最,有些地方胜过其父。

万石君一家以孝顺谨慎闻名于天下,即使以诚信行为出名的齐鲁儒生,也都自愧不如。万石君的小儿子石庆是兄弟中最随便的一个,然而他做太仆时也很谦顺认真。大家爱慕他家的德行,为他修建了石相祠。后来,元狩元年(前122年),皇上立太子,选拔众臣中可以做太子老师的人,就把他从沛郡太守调任太子太傅。七年以后又升任御史大夫。

元鼎五年(前112年)秋,丞相赵周犯罪被免职,汉武帝刘彻命令:"万石君一家,子孙孝顺,先帝尊重他们,就派御史大夫石庆担任丞相之职,赐封他为牧丘侯。"当时,汉朝正是多事之秋:南面讨伐南越,东面攻打朝鲜,北面追击匈奴,西面征伐大宛;皇上巡行全国视察,修复上古神庙,到名山祭祀,创制礼乐;国家财政困难,桑弘羊等人重农抑商、推行盐铁酒类官营专卖、控制全国商品开辟财源,王温舒之流推行苛法,兒(ní)宽等人推崇文章学术,这些人官至九卿,轮流当权。丞相石庆忠厚谨慎,朝中的事情不经丞相决定就可执行。石庆也曾想惩治皇上的近臣所忠和九卿

▲ 明人画《二十四孝·涤亲溺器》

咸宣的罪行，但总不能使他们服罪，反而自身遭到惩处。

元封四年（前107年），关东出现流民二百万人，没有户籍的有四万人，公卿大臣商请皇上把流民迁移到边境去，借以惩罚。武帝查办这件事时，认为丞相石庆年老谨慎，不会参与这种议论，就让他休假回家，而后查办了御史大夫以下议论并提出请求的人。经过此事，石庆自感惭愧，觉得不能胜任丞相之职，上书说："我蒙皇上宠爱任职丞相，因才能低下无法辅佐您治理国家。现在城郊仓库空虚，百姓流亡，我罪该处以死刑，武帝不忍把我法办。我希望归还相印，退休回家，让位贤德的人。"皇上下诏答他："粮仓已经空虚，百姓贫困流亡，而你想要迁移他们；现在人心浮动，局势动荡不安，而你还要辞去丞相职位。你想把这种危难局面推给谁去治理呢？"石庆深知武帝在用诏书责备他，非常惭愧，便又上朝理事。又过三年多的时间，在太初二年（前103年）石庆去世，武帝赐谥号为恬侯。石庆在职期间，细抠法律条文，执行法律比较刻板；办事周密慎重，但缺乏深思远虑。在职九年，没有提出挽救危难局面的建议，也没有为百姓谋利的突出行动。

石庆生前一向喜欢使用他的次子石德，皇上就把石德作为他的继承人，并接替石庆侯爵的地位。石德官至太常，由于犯法，理应处死，皇上却免除他的死罪降为平民。石奋子孙官至二千石级的有十三人，但石庆死后，孝顺谨慎的家风逐渐衰败，有些人逐渐犯法丢官。

综观石奋家族可以看出，中华民族历来倡导孝谨，这种精神是应该继续提倡的。但不讲是非，无原则地顺从也是不对的。循规蹈矩，谨慎小心，不思进取，亦非美德。万石君一家的孝谨过于迂腐，人性已被扭曲异化，明哲保身，这些显然是糟粕。读石奋的故事，最具多重思维，细细咀嚼，颇有滋味。

万石张叔列传·石奋

万石君名奋，其父赵人也，姓石氏。赵亡，徙居温。
万石君名奋，他的父亲是赵国人，姓石。赵国灭亡后，他家迁居到温县。高祖向东攻打项籍，

高祖东击项籍，过河内，时奋年十五，为小吏，侍高祖。
经过河内，当时石奋十五岁，为小官吏，事奉高祖。高祖与他说话，喜欢他恭敬顺从，就问他："你

高祖与语，爱其恭敬，问曰："若何有[1]？"对曰："奋独有
家还有什么人？"回答说："我只有母亲在，不幸双目失明，家里贫穷。有一个姐姐，会弹琴。"高

母，不幸失明。家贫。有姊，能鼓琴。"高祖曰："若能从
祖说："你愿意跟随我吗？"石奋说："愿意效力。"于是高祖召石奋的姐姐入宫做了美人，让石奋

我乎？"曰："愿尽力。"于是高祖召其姊为美人，以奋为中
做中涓，负责接受上书和通报，把他家迁到长安城中的戚里，这是皇亲国戚集中的街道，那是因为他

涓[2]，受书谒[3]，徙其家长安中戚里，以姊为美人故也。其官至
姐姐为美人的缘故。石奋的官职，在孝文帝时，因积功积劳，逐渐升迁到了太中大夫。他不懂经学儒术，

孝文时，积功劳至大中大夫。无文学[4]，恭谨无与比。
但恭敬谨慎无人能比。

文帝时，东阳侯张相如为太子太傅，免。选可为傅者，
孝文帝时，起先是东阳侯张相如当太子太傅，后免职。选择可以为太傅的人，大家推举

---

1 若何有：你家中还有何人？
2 中涓：近侍臣，主洒扫、洗涤等内务。
3 受书谒：处理文书和引进大臣见谒等事，即主传达之工作。
4 无文学：不懂经学儒术。

皆推奋，奋为太子太傅。及孝景即位，以为九卿；迫近，惮
石奋，这样石奋做了太子太傅。等到孝景帝即位，石奋官至九卿。景帝感到谨慎恭顺的石奋在

之¹，徙奋为诸侯相。奋长子建，次子甲，次子乙²，次子庆，
身边太近，很不自在，就派他到外地去做诸侯相。石奋长子石建，次子石甲，三子石乙，四子石庆，

皆以驯行孝谨³，官皆至二千石。于是景帝曰："石君及四子皆
一个个都循规蹈矩，谨慎恭顺，都官至二千石。于是景帝说："石奋和四个儿子都是二千石，

二千石，人臣尊宠乃集其门。"号奋为万石君。
做臣子的光荣集中到一个家庭。"由此称石奋为万石君。

　　孝景帝季年⁴，万石君以上大夫禄归老于家，以岁时为朝
　　孝景帝晚年，石奋按上大夫的俸禄告老归家，每年在定期朝会时才上朝。经过皇宫门楼，万石君

臣。过宫门阙，万石君必下车趋，见路马必式焉⁵。子孙为小
一定下车快步通过，在路上见到皇帝车驾也一定敬礼。子孙做了小官，回家探望，万石君一定穿上官员

吏，来归谒，万石君必朝服见之，不名⁶。子孙有过失，不谯
礼服见他们，不直呼他们的名字。子孙有了过失，不责备，自己不上正坐，对着饭桌不吃饭。直到他的

让⁷，为便坐，对案不食⁸，然后诸子相责，因长老肉袒固谢罪⁹，
几个儿子争相责备犯了过失的子孙，并通过族中长辈来低头认罪，而且有了实际改正的表现，才饶过他们。

1　迫近，惮之：石奋在朝，近在身旁，因其恭谨无比，景帝不堪其拘谨。
2　甲、乙：史失其名，以甲、乙称之。
3　驯：和顺。
4　季年：晚年。
5　见路马：指在路上见了皇帝的御马。必式：一定对御马凭轼敬礼。
6　不名：不称其名，而称子孙的职衔。
7　谯让：责奋。
8　案：放食品的案盘。
9　长老：族中长辈，或有德行的长者。

改之，乃许。子孙胜冠者在侧[1]，虽燕居必冠，申申如也。僮
子孙到了加冠的年龄，只要在他身边，即使平时闲居，也必须戴上帽子，还做出规规矩矩的样子。家里

仆䜣䜣如也，唯谨。上时赐食于家，必稽首俯伏而食之，如
的仆人，必须表现出柔顺的样子，十分恭谨。皇上赐下饮食，虽然在家里，也一定像在皇上面前一样俯

在上前。其执丧，哀戚甚悼。子孙遵教，亦如之。万石君家
伏身子吃这些东西。他对待丧事，总是哀痛万分。子孙都遵从他的教导，完全学他的样子。石奋一家因

以孝谨闻乎郡国，虽齐鲁诸儒质行[2]，皆自以为不及也。
孝顺谨慎闻名于郡国，即使齐鲁礼仪发源地的最讲究礼节的儒生，都自认为比不上石奋。

建元二年，郎中令王臧以文学获罪。皇太后以为儒者文
建元二年（前139年），郎中令王臧因倡导经学犯罪。皇太后认为儒生们华而不实，

多质少，今万石君家不言而躬行，乃以长子建为郎中令，少子
不如现今的万石君一家不多说话而身体力行，就用石奋的长子石建做郎中令，小儿子石庆

庆为内史[3]。
为内史。

建老白首，万石君尚无恙。建为郎中令，每五日洗沐归
石建年老满头白发，万石君石奋还健在。石建为郎中令，每五天休假回家探亲，每次总是先到仆

谒亲，入子舍[4]，窃问侍者，取亲中裙厕牏[5]，身自浣涤，复与侍
人住的偏房间，悄悄向仆人询问老人的身体情况，取过老人穿的内衣内裤和便器，亲自洗涤，然后给仆人，

者，不敢令万石君知，以为常。建为郎中令，事有可言，屏
但从来不让老人知道，一贯这样做。石建做郎中令，认为事情应当进言时，总是找没人的时候对皇上说，

---

1 胜冠者：够行冠礼者，即成年者。古代男子二十行冠礼，以示成人。
2 质行：诚朴踏实的儒生。
3 内史：武帝更名京兆尹，京师行政长官。
4 入子舍：进入侍者的小屋。子舍，偏房小屋。
5 中裙：紧身衣裤。厕牏（yú）：便器。

人恣言，极切；至廷见，如不能言者。是以上乃亲尊礼之。
尽情说透，非常恳切；等到上朝的时候，石建简直像一个木讷不会说话的人。因此皇上非常信任尊重他。

万石君徙居陵里。内史庆醉归，入外门不下车。万石君
万石君搬家到茂陵县陵里居住。内史石庆有一次醉酒回家，进了里门还不下车。万石君知道了，

闻之，不食。庆恐，肉袒请罪，不许。举宗及兄建肉袒，万
不吃饭。石庆害怕了，光着膀子请罪，老人不答应。全家以及哥哥石建全都光着膀子请罪，万石君才责备说：

石君让曰："内史贵人，入闾里，里中长老皆走匿，而内史坐
"内史是大贵人，进入家门这个小巷子，里巷中的父长都应该回避，大贵人内史坐着车进大门，这才排场，

车中自如，固当！"乃谢罢庆。庆及诸子弟入里门，趋至家。
本当这样。"这才饶过石庆，让他走开。从此，石庆和众子弟进入里门，都快步走回家。

万石君以元朔五年中卒。长子郎中令建哭泣哀思，扶
万石君在元朔五年（前124年）去世。他的长子石建极度痛哭哀思，拄着拐杖才

万石君以不吃饭惩罚儿子石庆

杖乃能行。 岁余，建亦死。 诸子孙咸孝，然建最甚，甚于
能走路。过了一年多，石建也死了。石奋的儿孙都非常孝顺，而石建最突出，甚至超过
万石君。
了万石君。

建为郎中令，书奏事，事下，建读之，曰："误书！'马'
石建为郎中令，有一次上书奏事，批下来后，石建重读奏书，说："写了错字，'马'字四腿带
者与尾当五，今乃四，不足一。上谴死矣！"甚惶恐。 其为
尾应当是五，现在只有四笔，少写了一点。皇上责备，我就该死。"非常惶恐。他为人谨慎小心，其他
谨慎，虽他皆如是。
的一些事，也都是这样。

万石君少子庆为太仆，御出，上问车中几马，庆以策数
万石君的小儿子石庆为太仆，驾车外出，皇上问拉车的是几匹马，石庆用马鞭一一点数，然后举
马毕，举手曰："六马。"庆于诸子中最为简易矣，然犹如此。
手说："六匹马。"石庆在万石君的几个儿子中是最随便的一个，仍然这样小心。他做过齐国丞相，整
为齐相，举齐国皆慕其家行，不言而齐国大治，为立石相祠[1]。
个齐国的人都羡慕他的家风，他不用说话，齐国就得到了大治，齐人为他建了一个"石相祠"。

元狩元年，上立太子，选群臣可为傅者，庆自沛守为太子
元狩元年（前122年），武帝立太子，挑选群臣中可以做太子太傅的人，石庆从沛郡太守提升为
太傅，七岁迁为御史大夫。
太子太傅，七年后提升为御史大夫。

元鼎五年秋，丞相有罪，罢。 制诏御史："万石君先帝
元鼎五年（前112年）秋，丞相有罪，被免职。武帝下诏给御史大夫："万石君是先

---

1 石相祠：齐人为石庆所立之生祠。

尊之，子孙孝，其以御史大夫庆为丞相，封为牧丘侯。"是时
帝尊敬的人，子孙孝顺，晋升御史大夫石庆为丞相，封为牧丘侯。"这时，汉朝正向南讨

汉方南诛两越，东击朝鲜，北逐匈奴，西伐大宛，中国多事。
伐东越、南越，向东攻打朝鲜，向北驱逐匈奴，向西讨伐大宛，国家处于多事之秋。天子

天子巡狩海内，修上古神词，封禅，兴礼乐。公家用少，桑
巡行全国，到处修复古代遗下来的神庙，封禅泰山，大兴礼乐。国家财政困难，桑弘羊等

弘羊等致利，王温舒之属峻法，儿宽等推文学至九卿，更进用
人开辟财源，王温舒等人推行严刑峻法，儿宽等弘扬经学官至九卿。这些人交替掌权，朝

事，事不关决于丞相，丞相醇谨而已。在位九岁，无能有所
中大事，不经由丞相决断，石丞相唯唯诺诺只是个摆设罢了。在位九年，没有说过纠正时

匡言。尝欲请治上近臣所忠、九卿咸宣罪，不能服，反受其
事的言论。他曾经想请求皇上惩治近侍臣所忠和九卿咸宣的罪行，反而自己倒了霉，花许

过，赎罪。
多钱才赎免了罪行。

元封四年中，关东流民二百万口，无名数者四十万[1]，公
元封四年（前107年），关东有两百万人流离失所，无户籍的流民有四十万。公卿大臣商议请

卿议欲请徙流民于边以适之。上以为丞相老谨，不能与其议，
求皇上迁移流民到边疆以示惩处。皇上认为石丞相年老谨慎，不可能参与这种商议，就赐丞相请假回

乃赐丞相告归，而案御史大夫以下议为请者[2]。丞相惭不任职，
家休息，然后查办御史大夫以下商议迁移流民于边的人的罪行。石丞相惭愧自己不胜任职务，就上书

乃上书曰："庆幸得待罪丞相，疲驽无以辅治，城郭仓库空虚，
说："我有幸得以任丞相，但才能低下不能起辅佐治国作用，以致城郭空虚，仓库无积蓄，人民多流亡，

---

1 无名数者：无户籍的流民。
2 案：查办治罪。查治议徙流民于边者之罪。

民多流亡，罪当伏斧质，上不忍致法。愿归丞相侯印，乞骸
罪过重大，该受极刑，而皇上不忍心把我依法治罪。我愿意归还丞相印章，请求告老回乡，给贤者让路。"
骨归，避贤者路。"天子曰："仓廪既空，民贫流亡，而君欲请
天子说："仓库既然空虚，人民贫困流亡，而你丞相却想把他们迁到边疆，增加社会的动荡，社会动
徙之，摇荡不安，动危之，而辞位，君欲安归难乎？"以书让
荡使国家发生了危机，这时候你来辞职，你想把责任推给谁呢？"用诏书责备石庆，石庆非常惭愧，
庆，庆甚惭，遂复视事。
就重新到丞相府处理政事。

  庆文深审谨[1]，然无他大略，为百姓言。后三岁余，太初二
  石庆工于心计而不露声色，但没有大的谋略才干，也没替老百姓说过话。又过了三年多，到了
年中，丞相庆卒，谥为恬侯。庆中子德，庆爱用之，上以德
太初二年（前103年）中，石丞相去世，谥号为恬侯。石庆次子石德，石庆喜欢、信用他，皇上让石
为嗣，代侯。后为太常，坐法当死，赎免为庶人。庆方为丞
德继承石庆的侯位。石德官至太常，犯罪应当杀头，赎罪免了死刑，夺了爵位成为平民。石庆做丞相时，
相，诸子孙为吏更至二千石者十三人。及庆死后，稍以罪去，
他的子孙从做小官升到两千石高官的有十三人。等到石庆死后，这些人逐渐因有罪被免职，孝顺谨慎
孝谨益衰矣。
的家风更加衰落。

1　文深审谨：工于心计而不露声色。

建陵侯卫绾醇谨

汉文帝刘恒的时候,代郡大陵人卫绾,靠在车上表演杂技当上了郎官。由于卫绾多次立功,逐渐升至中郎将。虽然卫绾无其他大的才能,但为人忠厚谨慎,深得皇上的信任。汉景帝刘启做太子的时候,曾叫皇上左右的人一起喝酒,而卫绾托病不肯参加。

文帝临死的时候,特意嘱咐太子刘启:"卫绾是个忠厚的人,将来你当皇上要好好地对待他。"等到文帝逝世,景帝登基,卫绾每天谨慎尽力,一年多的时间里,景帝没有斥责过他。

一次,景帝刘启驾临上林苑,命令中郎将卫绾陪同他一起乘车,在回来的路上问卫绾:"你知道能够陪同我乘车的原因吗?"卫绾说:"我凭车士的技能,按要求考核,并根据考核的先后升任中郎将,您问我为什么能陪同皇上一同乘车,我实在不知其中的道理。"皇上又问道:"我当太子时,叫你一同喝酒你不肯来,这是为什么呢?"卫绾急忙回答:"真是该死,那时确实有病,去不了。"

文帝刘恒在位时,曾经赐给卫绾六把宝剑,卫绾都一一保存。这次皇上又要赐给他宝剑,卫绾推辞说:"先帝赐给我的宝剑已经够多了,您再赐给我宝剑,实在不敢接受。"皇上说:"宝剑是人们所喜爱的器物,大家可以交换和变卖,先帝赐给你的宝剑难道还能保留到现在吗?"卫绾说:"都还在。"于是,皇上让他取来六把宝剑看看。结果宝剑仍在鞘内,从来也

卫绾陪同汉景帝乘车

没有用过。

卫绾担任中郎将时，下属的郎官无论谁有过错，他常常承担责任。卫绾做官从不与其他同级的中郎将争论，自己有了功劳，也常常让给其他中郎将。皇上认为卫绾品行方正，忠诚，没有其他不良动机，于是就任命卫绾担任河间王的太傅之职。

汉朝至景帝时，经过五六十年的休养生息国力强大，但是半割据的诸侯王与汉皇帝同样有实力。公元前154年，吴、胶西、楚、赵、济南、淄川、胶东七国，联兵反叛，皇上命令卫绾担任将军，率领河间部队攻打吴楚等七国，因为功劳卓著，就任命他做中尉。又过三年，也就是景帝前元六年，卫绾因功封为建陵侯。

　　卫绾被封为建陵侯的第二年，皇上废黜太子，欲诛杀栗卿等人。皇上认为卫绾是个忠厚之人，不忍心派他去执行这项任务，就让他休假回家，而改派执法不避贵戚的郅都逮捕惩处栗家。等到事情办完，皇上立胶东王做太子时，认为卫绾诚朴，宽厚待人，可以辅佐少主，便召回卫绾，任命他做太子太傅。以后卫绾又升任为御史大夫。五年后，又接替了桃侯刘舍的职务，担任丞相。景帝在位时，很宠爱卫绾，也曾赏赐给他很多东西。

　　卫绾做丞相第三年，景帝死了，武帝刘彻继位。建元年间（前140年—前134年），汉武帝认为在景帝生病的时候，各官署囚犯多有无辜受累者。因此，他仔细考虑并审查了当时情况，感到丞相卫绾不称职。于是，就免去了他的丞相职务。卫绾从车士到丞相，升迁可以说是很快的。然而，卫绾在朝任职期间，办理政务因循守旧，没有开拓精神，始终没有提出过什么创新倡议，所以汉武帝罢免他的官职，也在情理之中。卫绾的升沉，生动地反映了文景时的黄老政治与武帝时的外儒内法政治对人才的不同需求。社会休养生息，只要因循，不要更张，卫绾的醇谨成为榜样。汉武帝进取，扫除保守的障碍，罢了曾经是自己老师卫绾的官，值得称赞。读卫绾故事，深思时代变迁，促进开放思维，这就是本篇的主旨。

清人绘《汉景帝像》

万石张叔列传·卫绾

建陵侯卫绾者,代大陵人也[1]。绾以戏车为郎[2],事文帝,功
<small>建陵侯卫绾,是代郡大陵人。卫绾演杂技能飞身登车,他凭这长处做了郎官,事奉孝文帝,由于</small>

次迁为中郎将,醇谨无他。孝景为太子时,召上左右饮,而
<small>立功,一级级升为中郎将,除了忠厚谨慎一无所长。孝景帝为太子时,招待文帝身边的人喝酒,而卫绾</small>

绾称病不行。文帝且崩时,属孝景曰:"绾长者,善遇之。"
<small>却称病不去。文帝将要逝世时,嘱咐孝景帝说:"卫绾是一个忠厚的长者,好好待他。"等到文帝死后,</small>

及文帝崩,景帝立,岁余不噍呵绾[3],绾日以谨力。
<small>景帝即位,一年多没有斥责过绾,卫绾只是一天比一天更加谨慎地尽职。</small>

景帝幸上林,诏中郎将参乘,还而问曰:"君知所以得
<small>景帝游幸上林苑,诏令中郎将卫绾为陪乘,在回转的路上景帝问卫绾说:"你知道为</small>

参乘乎?"绾曰:"臣从车士幸得以功次迁为中郎将,不自
<small>什么能和我共乘一辆车吗?"卫绾说:"我从一个车士侥幸积累功劳一级一级升到中郎将,</small>

知也。"上问曰:"吾为太子时召君,君不肯来,何也?"对
<small>我自己不知道是什么缘故。"皇上问:"我当太子时召你饮酒,你不肯来,为什么?"卫绾</small>

曰:"死罪,实病!"上赐之剑。绾曰:"先帝赐臣剑凡六,
<small>回答说:"我该死,当时真是有病。"皇上赐他宝剑。卫绾说:"先帝已经赐我共有六把宝</small>

---

1 大陵:县名,在今山西省文水县北。
2 戏车:能飞身登车。
3 不噍呵:不闻不问。噍呵,呵斥。

剑不敢奉诏。"上曰："剑，人之所施易[1]，独至今乎？"绾曰：
剑，我再不敢接受了。"皇上说："宝剑，人们常把它拿来变卖钱财，难道你还保存到现在？"
"具在。"上使取六剑，剑尚盛，未尝服也。郎官有谴[2]，常
卫绾说："全都保存着。"皇上让他取来看看，剑还原封不动装在剑鞘中，没有佩带过。有
蒙其罪[3]，不与他将争；有功，常让他将。上以为廉，忠实
的郎官受到责备，卫绾替他遮盖过失，承担责任不争论；有了功劳，又总是让给别人。皇上
无他肠，乃拜绾为河间王太傅。吴楚反，诏绾为将，将河
认为卫绾廉洁，忠实没别的心眼，就任命卫绾为河间王刘德的太傅。吴楚反叛，诏令卫绾为
间兵击吴楚有功，拜为中尉。三岁，以军功，孝景前六年
将军，率领河间国的士兵攻击吴楚立下功劳，提升为中尉。三年后，卫绾又因军功，在景帝
中封绾为建陵侯。
前元六年（前151年）被封为建陵侯。

其明年，上废太子，诛栗卿之属[4]。上以为绾长者，不忍，
第二年，皇上废了太子，诛杀太子舅父栗卿等人。皇上认为卫绾是一个厚道的人，不愿让他办案，
乃赐绾告归，而使郅都治捕栗氏。既已，上立胶东王为太子，
就赐他告老回家，而派酷吏郅都去惩治逮捕栗氏。这个案子办完以后，皇上立胶东王为太子，又召回卫
召绾，拜为太子太傅。久之，迁为御史大夫。五岁，代桃侯
绾，任命为太子太傅。过了很长时间（三年），提升为御史大夫。到第五年，接替刘舍为丞相，上朝奏
舍为丞相，朝奏事如职所奏[5]。然自初官以至丞相，终无可言。
事只是例行公事，从不发议论。可以说从卫绾开头做官一直到丞相，始终没说过个人意见。天子认为敦厚，

---

1 施（yí）易：交易。剑很贵重，人们常用来交换他物。
2 谴：有过遭谴。
3 蒙：遮盖，指卫绾遮盖遭谴的郎官之过。
4 栗卿：人名，景帝栗姬之兄弟，栗太子之舅。栗太子被废，诛外戚。
5 如职所奏：只上奏例行公事，不别有所议。

天子以为敦厚，可相少主，尊宠之，赏赐甚多。

可以辅佐少主，对他很是尊重和宠信，赏赐特别优厚。

为丞相三岁，景帝崩，武帝立。建元年中，丞相以景帝疾时诸官囚多坐不辜者，而君不任职，免之。

卫绾做了三年丞相，景帝逝世，武帝即位。建元年间，由于景帝在病中多冤假错案，监狱里关了不少无罪的人，身为丞相的卫绾没有尽到责任，所以免了他的丞相官职。

直不疑受枉不自明

南阳人直不疑，做郎官事奉文帝。一次，与他同住一室的人请假回家，无意之中拿错了同室一郎官的黄金。不久丢失黄金的人发觉自己的黄金不见了，就猜想一定是直不疑偷的。可是，直不疑并不申辩，承认黄金是自己拿的，一再道歉，并且买来黄金偿还。等到请假的人回来，把拿错的黄金归还给失主，失黄金的郎官大为惭愧。

汉文帝选贤用能，直不疑逐步升迁到太中大夫。朝会上，有的人诽谤他说："直不疑的长相很美，只可惜偏偏最会勾引他的嫂子，跟他的嫂子私通，真拿他没有办法。"谁知直不疑听后，并不生气，只是说道："可惜我连个哥哥都没有呀。"

先前，汉高祖刘邦消灭完割据的异姓王之后，代之以半割据的同姓王，这些同姓王国的官制除朝廷派遣丞相和太傅两大官员外，其他官员同朝廷的官制一样，国王可以任命所有的官吏。由于汉朝初期分封时，各国国王都是幼童，国内军政人事大权实际上掌握在朝廷派遣的丞相和太傅手中。可是到了文帝时，分封的各国国王已经长大，并开始驱逐朝廷派来的丞相和太傅，图谋叛变朝廷。景帝时便发生了吴、楚等国的反叛。当时直不疑以二千石级的官员身份率领军队攻打各反叛的诸侯王国。景帝后元元年（前143年），直不疑被任命做御史大夫，后来景帝追封平定吴楚功臣，直不疑被封为塞侯。汉武帝建元元年（前140年），直不疑同卫

俊俏的直不疑

绾一起被免去官职。

　　直不疑对《老子》很感兴趣，相信《老子》中的观点。他认为一切事物都有正反两个方面的对立，正反两方面的转化和事物的生成变化都是"有"和"无"的统一。他在物质生活上"知足"与"寡欲"，在政治生活中归结为"无为而治"。所以他所到之地做官都是按照老办法，不喜欢树立自己的名声，就是有了成绩也唯恐别人知道。因此被人称为有德行厚道的人。

万石张叔列传·直不疑

塞侯直不疑者,南阳人也。为郎,事文帝。其同舍有告
<small>塞侯直不疑,是南阳人。为郎官,事奉孝文帝。他同舍的一个郎官请假回家,错拿了同舍另一个</small>
归,误持同舍郎金去,已而金主觉,妄意不疑[1],不疑谢有之,
<small>郎官的金锭。不久丢了金锭的郎官发觉了,无端猜疑直不疑,直不疑赔礼说拿错了,花钱买金锭来还给</small>
买金偿。而告归者来而归金,而前郎亡金者大惭,以此称为
<small>丢了金锭的郎官。而请假期满回来的郎官归还了金锭,先前那个丢了金锭的郎官非常惭愧,由此大家公</small>
长者。文帝称举,稍迁至太中大夫。朝,廷见,人或毁曰:
<small>认直不疑是一个忠厚长者。文帝也称赞提拔他,一步步提升到太中大夫。有一次上朝,大家在朝堂相见时,</small>
"不疑状貌甚美,然独无奈其善盗嫂何也[2]!"不疑闻,曰:
<small>有人诽谤他说:"直不疑长得很漂亮,只是很可惜他和嫂子私通。"直不疑知道后说:"我没有兄长。"</small>
"我乃无兄。"然终不自明也。
<small>但是终于没有去申辩。</small>

吴、楚反时,不疑以二千石将兵击之。景帝后元年[3],拜为
<small>吴、楚反叛时,直不疑以二千石领兵出征。景帝后元元年,直不疑被提升为御史</small>
御史大夫。天子修吴、楚时功,乃封不疑为塞侯。武帝建元
<small>大夫。天子奖励平定吴、楚的功臣,便封直不疑为塞侯。武帝建元年间,和丞相卫绾一</small>

---

1 妄意:无端猜测。
2 盗嫂:与嫂私通。
3 景帝后元年:公元前143年。

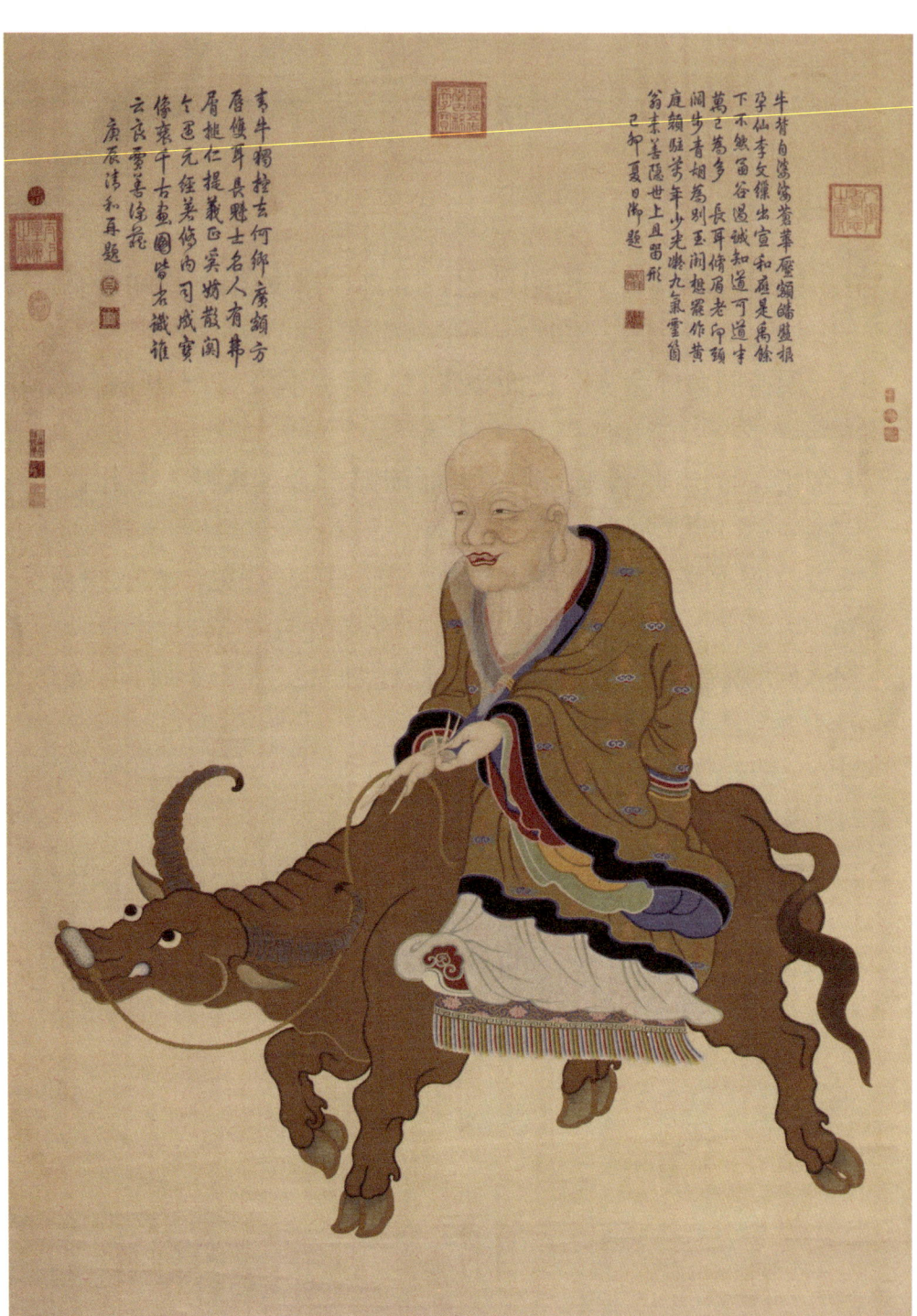

清乾隆《缂丝青牛老子图》

年中，与丞相绾俱以过免。

同因过失被免职。

不疑学"老子"言。其所临，为官如故[1]，唯恐人知其为吏

直不疑学习老子学说。因此他当官，一切按前任制度办，唯恐别人知道他在任上的显赫业绩。他

迹也。不好立名称，称为长者。

不喜欢扬名，被称为忠厚长者。

---

[1] 为官如故：指不疑精通老子无为学说，他做官，一切照前任制度办。

郎中令周仁不受赐

汉初有一个郎中令周文,名仁,人们多叫他周仁。他的祖先是任城（今山东省济宁市）人,因为医道高超而远近闻名,也因此,当朝皇帝常常召见他到宫廷中去行医。景帝为太子时,还任命他做舍人。周仁在做太子舍人时,勤勤恳恳地任职,恭恭谨谨地做人,因而得到不断地提升。景帝即位,升任周仁为郎中令。

周仁品性敦厚,处事稳重,平时不爱多说话,也不讲究打扮。他虽然身居高官,但平常总是穿得很一般,有时让人觉得有点破破烂烂,衣服上总有污迹,他也不在乎。周围的人,包括皇帝的妃嫔,都觉得他太不讲卫生而有些厌烦他,但是平素俭朴的景帝很敬重他。因此,被常人认为是脏兮兮、邋里邋遢的周仁,朝廷上下的人却没有敢小视他的。由于景帝十分了解周仁为人,知道他对皇帝非常恭敬,而且处事谨慎,他即使看到了一些皇家秘闻,也不会向外传播。因此有时景帝与后宫妃嫔谈笑游戏,也不避开周仁。

那么,周仁是怎么得到景帝如此信任的呢？这正是周仁平时的所作所为缜密恭谨的缘故。不过终景帝之世,周仁还是做他的郎中令。多年来,周仁的职务虽然没有升迁,但他对朝廷毫无怨言,情绪十分稳定,每天仍是任劳任怨、尽职尽责地干事。

皇上时常向他询问别人的情况,因为周仁认为景帝是个仁爱明智的君

俭朴的周仁

主,用不着自己多说什么,所以周仁每次的回答都是:"皇上您亲自考察吧!"他从不诽谤和诋毁别人。景帝对有的大臣用贬低他人来抬高自己的做法不太满意,于是越发信任周仁了。曾有几次,景帝亲自驾临这位老臣的家进行探望,这对一个大臣来说,是无上荣耀的事啊!在周仁工作变动把家搬到阳陵离开京城的时候,景帝赏赐他许多礼物,但周仁每次都找理由推辞掉,始终没有接受皇上的赏赐,他认为做臣子的无功受禄是不应该的。别的大臣看到皇上如此宠信周仁,就免不了巴结他,为的是让他在皇帝面前替自己讲几句好话。但周仁谨守他做人的根本,对于众同僚贿赂给他的金银财物,他都想方设法如数退回给本人。

景帝驾崩后,汉武帝继位,因为周仁是先帝的重臣,所以武帝也非常器重他。但由于周仁年老多病，经常卧床在家，于是上书辞官，请求告老还乡。武帝下诏特许，并且以二千石的俸禄给他回乡养老，周仁感激不尽。周仁的后代继承了父亲的谦虚恭谨的作风，也因此都做了大官。

周仁作为景帝时的重臣近臣，始终恭谨为官，不接受群臣的馈赠，不恃宠向皇上邀功请赏，能安于节俭朴素的生活，确实是难能可贵的。

万石张叔列传·周仁

郎中令周文者，名仁，其先故任城人也。以医见。景帝
郎中令周文，名仁，他的祖先是任城人。他以医术高明得见天子。景帝为太子时，周文
为太子时，拜为舍人，积功稍迁，孝文帝时至太中大夫。景
被任命为太子舍人，积累功劳按步升迁，在文帝时已经官至太中大夫。景帝刚即位，就任命周
帝初即位，拜仁为郎中令。
文为郎中令。

仁为人阴重不泄，常衣敝补衣溺裤，期为不洁清，以是
周仁为人深沉稳重，不泄露别人的秘密，他平时穿破衣，把裤子尿湿，使得后宫不接
得幸。景帝入卧内，于后宫秘戏，仁常在旁。至景帝崩，
近他，因此受到皇上宠信，可以出入寝宫。景帝在寝宫与后妃们戏耍，周仁在身边也不避忌。
仁尚为郎中令，终无所言。上时问人[1]，仁曰："上自察之。"
直到景帝死时，周仁还在做郎中令，始终没有进谏过。景帝时常问他别人情况，周仁说："皇
然亦无所毁。以此景帝再自幸其家。家徙阳陵。上所赐甚
上自己考察吧。"也不说别人的坏话。因此，景帝两次驾临周仁家。后来他家迁到景帝的阳
多，然常让，不敢受也。诸侯群臣赂遗，终无所受。
陵。景帝赏赐他丰厚的东西，他总是推让，不敢接受。诸侯及朝臣送他东西，始终不接受。

武帝立，以为先帝臣，重之。仁乃病免，以二千石禄归
武帝即位，认为他是先帝之臣，非常尊重他。周仁因病辞职，以二千石俸禄归家养老，子孙都做
老，子孙咸至大官矣。
了大官。

---

[1] 上时问人：景帝问人之长短。

陶朱公范蠡泛游五湖（明内府彩绘本《春秋五霸七雄通俗演义列国志传》插图）

处世故事

五则

朱公长男救弟载尸归

朱公就是越王勾践的兴国大臣范蠡。越王灭吴以后，范蠡功成身退，弃政从商，住到齐国的定陶，经商发财，富敌一国，人称陶朱公。

朱公有三子。长男一同经商创业，备尝艰苦。少子降世时，朱公已经富有，因此，小儿子备受父母宠爱，衣来伸手，饭来张口，不知稼穑之艰难，一掷千金，毫不吝啬。

朱公中男到楚国经商，争执杀人，被关在楚国监狱。朱公装载千金，打点小儿子去楚国救他哥哥，朱公长男不听从父亲的安排，长男说："当哥哥的是一家主管，弟弟有难，长兄怎能袖手旁观？父亲不让哥哥救弟弟，就是不信任长男，我当兄长，连父亲都不信任，我还有什么脸面活在世上。"朱公长男自尊心受到伤害，就要自杀。他的母亲出来干预。朱公夫人说："犯罪的儿子没救出，白白地死了长兄，不合算，就让长兄去救弟弟吧。"朱公无可奈何，就打发长男上路。他写了一封信，让长男到了楚国，把千金及信交给朱公的好友庄老先生，什么也不要问，只等弟弟出狱，快快回家。长男救弟心切，又私自带了几百金，随处打点。

朱公长男到了楚国，找到庄老先生。原来庄老先生是个穷老头，住在楚国郊外破草房里。朱公长男如父所言，交了千金和信。庄老头对朱公长男说："你快离开我家，等着和你弟弟见面。至于你弟弟怎么出狱的，什么都不要问。"朱公长男半信半疑，他想，这穷老头有什么能耐呢？他庆幸自己私带了几百金，就进了楚国都城，对楚王左右的人进行打点。

庄老头收了朱公长男的千金，对家人说："这是好友朱公送来救他儿子的，你们不要动用，等朱公儿子出狱了，还给他。"庄老头是楚国的隐者，视钱如粪土，压根就不想要好友朱公的钱，他故意收下，试试这后生晚辈的品德。庄老头是楚王的朋友，楚王对庄老头是非常敬重，言听计从，称他为庄生，就是庄老先生的意思，于是人们都称庄老头为庄生。

庄生对楚王说："臣夜观天象，楚国将有灾难，大王赶快施行德政来

陶朱公长男不信庄生的话

▲ 明人绘《范蠡像》

避难。"楚王说："知道了。"立即下令冻结财政。这是楚王下大赦令的先期准备。接受了朱公长男好处的楚国用事大臣，通告了消息，朱公长男非常高兴。他想白白地给庄老头一千金重礼，老头什么事也没做。朱公长男只会做生意，不懂政治，不知楚王下赦令的原委，认为庄老头无功受禄。他越想越不是滋味，于是就去向庄老头辞行，上门之意十分清楚，他要收回千金。

庄生见了朱公长男，惊诧地问："让你离开我家，怎么还没走？你弟弟的事怎么样啦？"庄老头故意问。

朱公长男说："楚王用事大臣告我说：'楚王就要下赦令了。'我特来向老先生通告这消息。"庄老头笑了笑说："你对楚国用事大臣使了钱了吧？祝贺你弟弟就要出狱。你送的千金重礼，就在黑屋放着，自个儿带走吧！"朱公长男来意是取钱的，没想到老头这么痛快，他害怕老头变卦，也不推辞，接话茬说："庄老伯，你不花钱，那我就带走了。"朱公长男走后，庄生非常生气，感到自己受了小伙子的愚弄。庄生心里说："你不仁，我不义。载你弟弟的尸休回家去向我的老友交代吧。"庄生随即进都，又对楚王说："大王下赦令是件好事。不过外面谣传纷纷，说天下富人陶朱公的儿子杀了人，陶朱公贿赂了楚国用事大臣，楚王才下赦令的。"楚王说："哪有此事？那是大臣们胡作非为，我让他们落空。"楚王下令，立即将陶朱公儿子斩首，然后第二天下达了赦令。

朱公长男白白花了数百金，载着弟弟尸体回了家。母亲小弟及亲朋都来吊唁，十分悲痛。陶朱公却哈哈大笑，他说："我早就料到，长男这回非杀了弟弟不成。长男不是不爱弟弟，但他舍不得花钱，所以我安排小儿子去救他二哥，小儿子撒手惯了，舍得花钱。中男杀人，也该偿命。人世间是公平的。大家不要哭了,办丧事吧!"

人世沧桑,世事复杂,朱公长男好心办了坏事,"赔了夫人又折兵";朱公小男,花花公子,按朱公安排,还能成事。此中奥妙,谁解其中味。

▲ 陶朱公范蠡归隐五湖(明·吴彬《柳溪钓艇扇页》)

越王勾践世家·陶朱公

朱公居陶，生少子。少子及壮，而朱公中男杀人，囚
朱公在定陶居住时，又生了个小儿子。等到这个小儿子长大成人时，朱公的第二个儿子杀了人，被

于楚。朱公曰："杀人而死，职也。然吾闻千金之子不死
关押在楚国。朱公说："杀人偿命，是理所当然的。但是我听说富贵人家的儿子不能让他死在刑场上。"

于市[1]。"告其少子往视之。乃装黄金千溢[2]，置褐器中，载
于是就打算让小儿子到楚国去看望一下。并为他准备了千镒黄金，都装在一条旧麻袋里，然后用一辆牛车

以一牛车。且遣其少子，朱公长男固请欲行，朱公不听。
拉着。可是当朱公正要叫小儿子上路时，朱公的大儿子坚决要求让他去楚国，朱公不同意。他的大儿子就说：

长男曰："家有长子曰家督，今弟有罪，大人不遣，乃遣少
"一家的长子应该是全家的总管，如今弟弟犯了法，父亲不让我去搭救，却让小弟弟去，说明我是不成器的。"

弟，是吾不肖。"欲自杀。其母为言曰："今遣少子，未必
说完就想自杀。他的母亲见此情形，就替他说情："现在派小儿子前去，不一定能让第二个儿子活着回来，

能生中子也，而先空亡长男，奈何？"朱公不得已而遣长
却先白白死了个大儿子，这如何是好？"朱公没有办法，只好让大儿子去楚国，临行前，朱公写了封信让

子，为一封书遗故所善庄生[3]，曰："至则进千金于庄生所，
大儿子带给他在楚国的好朋友庄先生，并交代说："到了那里以后，立即把黄金千镒送到庄先生家里，随

---

1 死于市：行刑于市，谓犯法处死。
2 溢：通"镒"，二十四两为镒。
3 庄生：姓庄的先生，史失其名。

听其所为，慎无与争事。"长男既行，亦自私赍数百金。
他怎样使用，千万不要同他发生什么争议。"朱公长子接受了嘱咐就出发了，暗地里他又多带了几百两金子。

至楚，庄生家负郭[1]，披藜藋到门，居甚贫。然长
到了楚国，朱公长子见庄先生住在一个靠近城墙的地方，周围都长满了野草，生活十分贫困。但
男发书进千金，如其父言。庄生曰："可疾去矣，慎毋
朱公长子还是照父亲的吩咐，呈上书信，送交千金。庄先生对他说："你可以赶快离开了，千万不要在
留！即弟出，勿问所以然。"长男既去，不过庄生而私
这里停留！如果你弟被放出来，也不要问是什么原因。"朱公长子离开庄先生家以后，虽然不再去造访
留[2]，以其私赍献遗楚国贵人用事者。
庄先生，但是自己在楚国留了下来，并用私下带来的几百两金子贿赂楚国权贵。

庄生虽居穷阎，然以廉直闻于国，自楚王以下皆师尊
庄先生虽然家居贫寒，但是那种廉洁正直的名声却誉满全国，从楚王以下所有的人都把他当作师长
之。及朱公进金，非有意受也，欲以成事后复归之以为信
来尊敬。当朱公让儿子给他送来黄金时，他并不真的想接受，而是准备在事情办成功之后才归还，用以表
耳。故金至，谓其妇曰："此朱公之金。有如病不宿诫，
示信义而已。所以金子送来时，他就对自己的妻子说："这是陶朱公的金子。好比病人不接近祭物一样，
后复归，勿动。"而朱公长男不知其意，以为殊无短长也。
事后要物归原主，不要动。"可是朱公长子不了解庄先生的想法，还认为庄先生对他弟弟的生死没有什么影响。

庄生间时入见楚王[3]，言"某星宿某，此则害于楚。"
庄先生找机会进宫见到了楚王，说："现在某颗星正处在某个位置，对楚国十分不利。"楚王
楚王素信庄生，曰："今为奈何？"庄生曰："独以德为
一贯相信庄先生，就问："现在怎么办呢？"庄先生说："只有做件对人有恩德的事才能免除灾难。"

---

1 负郭：背靠城墙，即住于城郊。
2 不过：不造访。
3 间时：找机会，得便时。

可以除之。"楚王曰："生休矣，寡人将行之。"王乃使使
楚王说："先生回去吧，我将照你说的去做。"于是楚王就派人先把金库封了起来。这时，楚国那些

者封三钱之府[1]。楚贵人惊告朱公长男曰："王且赦。"曰：
接受了朱公长子贿赂过的权贵急急忙忙来告诉朱公长子说："楚王将要发布大赦令了！"朱公长子问：

"何以也？"曰："每王且赦，常封三钱之府。昨暮王使使
"怎么知道？"权贵说："每次大王宣布赦令，总是先封闭金库。昨天晚上大王又派人封金库了。"

封之。"朱公长男以为赦，弟固当出也，重千金虚弃庄生，
朱公长子认为既然楚要大赦，那么弟弟自然会被释放的，因此再把千金重礼白白送给庄先生，就没有

无所为也，乃复见庄生。庄生惊曰："若不去邪？"长男
什么意思了，所以又去了庄先生家。庄先生大吃一惊说："你没有离开楚国吗？"朱公长子说："我

曰："固未也。初为事弟，弟今议自赦，故辞生去。"庄
本来就没走。当初是为了救弟弟的事，现在弟弟要被赦免了，所以来向您告辞。"庄先生知道他的意

生知其意欲复得其金，曰："若自入室取金。"长男即自入
思是要回那些黄金，就说："你自己到房间里把黄金拿走吧！"朱公长子马上走进房间拿了黄金就离

室取金持去，独自欢幸。
开了庄先生家，心里还十分得意。

  庄生羞为儿子所卖[2]，乃入见楚王曰："臣前言某星事，
  庄先生因为被朱公长子这样的年轻小子所欺骗而感到羞愧，就又进宫见楚王说："我前些天说了

王言欲以修德报之。今臣出，道路皆言陶之富人朱公之子
某星处某地的事，大王也说打算用修德的方法来报答下天。可是我今天出门，听路上的人都在说定陶富

杀人囚楚，其家多持金钱赂王左右，故王非能恤楚国而赦，
翁朱公的儿子因为杀了人被关在楚国，他家里人拿了许多金钱贿赂了大王身边的人，所以大王不是为了

---

1 三钱之府：藏钱的金库。古代钱币分赤、白、黄三种。大赦前封三钱之府，即加强戒
  备，以免走漏赦令消息，亡命徒趁机盗钱。
2 儿子：小儿，小子。卖：欺骗，摆布。

朱公长男救弟载尸归

乃以朱公子故也。"楚王大怒曰:"寡人虽不德耳,奈何以朱
体恤楚国人而下赦免令,而是为了要赦免朱公的儿子。"楚王非常气愤地说:"我虽然不够贤德,但是

公之子故而施惠乎!"令论杀朱公子,明日遂下赦令。朱公
也不会因为朱公儿子的缘故宣告大赦!"于是下令先杀掉朱公儿子,第二天才宣布大赦令。结果,朱公

长男竟持其弟丧归。
长子只好拉着他弟弟的尸体回家。

至,其母及邑人尽哀之,唯朱公独笑,曰:"吾固知必杀
朱公长子回到家里,他母亲及乡亲们都十分悲伤,只有朱公一人在笑,他说:"我本来就料定哥

其弟也!彼非不爱其弟,顾有所不能忍者也。是少与我俱,
哥去了一定会害死他弟弟的!他不是不爱他的弟弟,只是他舍不得丢掉东西。他从小跟我一走吃苦耐劳,

见苦,为生难,故重弃财。至如少弟者,生而见我富,乘坚
知道生计的艰难,所以很看重钱财,不肯轻易失掉。至于那个小儿子,生下来就见到我很富有,只知道

驱良逐狡兔¹,岂知财所从来?故轻弃之,非所惜吝。前日吾所
坐车骑马,行围打猎,哪里知道钱是怎么来的呢?所以随便挥霍,从不吝惜。前几天我之所以要派小儿

以欲遣少子,因为其能弃财故也。而长者不能,故卒以杀其
子的原因,就是因为他舍得大把花钱。而老大做不到这样,所以终于杀了他的弟弟,这是命该如此,用

弟,事之理也,无足悲者。吾日夜固以望其丧之来也。"
不着伤心的。我本来就整天在等报丧的消息传来。"

1　乘坚驱良:坐坚固的车,骑良马。

信陵君礼贤下士

地位高贵的人以礼相待地位卑贱的人，叫礼贤下士。用今天的话说，就是尊重人才。这句话说起来容易，做起来难。和平时期，社会生活已成一定之规，人才的作用，难以立竿见影，礼贤下士、尊重人才，往往都是一句空话。非常时期，竞争激烈，事业成败，在于用人，这时礼贤下士、尊重人才，就有了具体内容。时势使然，不能不如此。

战国时代，周王室衰微，各诸侯国之间，以势相争，以智谋相夺，进入激烈兼并的时代。在这样弱肉强食的历史背景下，明主贤君纷纷招贤纳士，扩充实力。谋臣策士，纵横捭阖，成为政治舞台上的活跃人物。因此，这一时期，好士的贵族很多，著名的有齐国的孟尝君、赵国的平原君、楚国的春申君和魏公子信陵君。四人各有所长，但最能礼贤下士的首推魏公子信陵君。他亲自驾车去礼请魏国的看门人侯嬴，他在赵国与博徒酒保交游，而在重大事件中得到这些人的帮助，成就了自己的声名，传为佳话。信陵君足不出户，靠门客能知千里之外的天下大事。战国的四公子好客养士，他们都是国相，靠门客做耳目，了解情报，依靠门客办外交、做智囊。四公子的礼贤下士是招揽人才的一种形式。信陵君做得最为诚恳。魏国因为有信陵君，门客三千，贤人众多，列国诸侯不敢侵犯魏国有十多年。

信陵君是魏昭王的小儿子，当今魏国安釐王的同父异母弟，封于信陵。信陵君好士，人们亲切地称他为魏公子。

魏国有个年已七十的老头叫侯嬴，家中贫困，在魏国都城大梁（今河南省开封市西北）做夷门监者。夷门，就是东门。监者，看守人。他很有才干，人们都称赞他，叫他侯生，即侯老先生。信陵君知道了就备了厚礼去看望他，侯嬴老人拒绝了礼物。公子于是大会宾客，专门为了侯嬴设宴。等到宾客都到齐以后，侯生还没来，公子就亲自驾车去迎请侯生，空着车上左边的尊者之位。侯生整理下平常的旧衣冠，也不谦让，径直上车，坐到公子的上首座位上，同时细细观察公子的态度和神色，却见公子亲执缰绳，愈发恭敬。侯生又对公子说："我有个朋友在集市上的屠宰坊，希望

信陵君驾车迎接侯生

能劳您的驾一起去拜访他。"公子二话没说，驾车直奔集市。侯生见了他的朋友朱亥，故意絮絮叨叨地说个没完，暗中却用眼角余光打量着公子的反应。公子的神态始终谦和恭敬。这时，魏国的将相、王族和宾客早已坐满堂上，专等着公子举酒开宴。集市上都轰动了，人人皆以为稀罕，围了一大堆，争相目睹身为贵族的魏公子为人执缰驾车的样子，随从公子驾车出行的仆从在集市久等之后，也暗地里咒骂侯生。侯生见公子的神情始终如一，才辞别了朋友上车。到了宴会厅，公子请侯生坐了上座，庄重地把侯生介绍给在座的宾客。座上的达官贵人见公子郑重款待的不过是个守城门的老头子，人人惊讶不已。酒喝到高兴时，公子起身为侯生祝寿。侯生终于感动地对公子说："今天我折辱公子也够了。我不过是个夷门的守门人，而公子亲自驾车来迎接我，大庭广众之下不避嫌疑，且在礼节上又过分的隆重。我之所以安心领受，不过是想成就公子礼贤下士的声名，用此故意做出一些有违常理的事，以观察公子，而公子始终恭敬。现在街市上的人都在骂我是小人，而认为公子宽厚仁德，是真正的谦谦君子。"公子听侯生讲出这一番极有见地的话来，深为折服，于是罢了酒宴，与侯生倾心吐胆，纵论天下大事。从此侯生经常成为公子的座上宾客。

公元前259年，魏公子窃符救赵，就靠的是侯嬴出的主意，在朱亥的帮助下实现的。魏公子投赵后不敢回国，留在赵国。赵王以五座城邑封公子。公子到处打听贤者，千方百计与之交往。赵国有两个隐士毛公和薛公，一个隐居在赌徒堆里，一个隐居在卖酒店家。公子想要见这两人，谁知两人却执意躲起来，不肯见公子。公子私下打听到他们的住处后，就秘密地步行前往，跟这两人交往，一来二去，说得十分投机。赵国的平原君颇不以为然，认为公子随随便便就和市井上的赌徒、卖酒人交往，不顾

朱亥拳打双虎（《春秋五霸七雄通俗演义列国志传》插图）

身份，极不严肃。同样作为王族贵胄的魏公子得知平原君的态度后，当下就告别他的姐姐平原君夫人，准备离去。他说："平原君与士人交往，只是为了表示自己豪放，并不是真心寻求有才能的人。我还在魏国大梁的时候，就常常听说这两个人有才德，到了赵国，还怕见不到他们。我这样的人和他们交往，还怕他们不愿意理我。如今平原君竟然以为和他们交往是丢脸，如此看来，平原君恐怕不值得交往。"夫人把这番话转告给了平原君，平原君十分羞愧，赶忙向公子道歉，苦苦挽留公子。平原君门下的宾客们听说此事，有一半离开平原君依附公子，以至于公子的门客超过了平原君。

秦国见魏公子留在赵国，就举兵侵犯魏国，魏国告急，请公子回国。公子怨魏王昏聩，不肯回国，毛公、薛公晋见公子，说以利害，魏公子立即整装回国。诸侯列国听到魏公子回国的消息，都纷纷救魏。魏公子率领韩、赵、魏、韩、楚等五国之师打败秦兵，挽救了魏国的危亡。

当时魏公子的名声和威望都超过了魏王，得到各国的尊敬。公子在日，秦兵不敢犯魏。究其原因，就是魏公子真心诚意礼贤下士，得人死力相助罢了。所以司马迁在《太史公自序》里评论说，能以富贵之身尊重贫贱的人，以贤能之才屈就赶不上自己的人，只有信陵君能够做到。在古代尊卑等级观念极重的时代，更加不容易。所以信陵君得到世世代代人们的敬仰。汉高祖刘邦粗枝大叶，傲慢无礼，而对信陵君也极为敬仰。他下令为信陵君置看墓人三十户，祭祀按诸侯王礼。

信陵君列传

魏公子无忌者，魏昭王少子而魏安釐王异母弟也[1]。昭王
魏公子无忌，是魏昭王的小儿子，魏安釐王的同父异母兄弟。魏昭王去世后，魏安釐王继位，封
薨，安釐王即位，封公子为信陵君[2]。
魏公子为信陵君。

公子为人仁而下士，士无贤不肖皆谦而礼交之，不
魏公子为人厚道而又谦虚，无论是有才干的还是没才干的，只要到他门下他都以礼相待，他从不
敢以其富贵骄士。士以此方数千里争往归之，致食客
因自己的地位高贵而待人傲慢。因此纵横几千里以内的游士们都争先恐后地去投奔他，归到他门下的食
三千人。当是时，诸侯以公子贤，多客，不敢加兵谋魏
客有三千多人。当时，就因为魏公子贤明，而且门下又有很多能干的食客，所以各国诸侯们都不敢出兵
十余年。
来碰魏国。

公子与魏王博[3]，而北境传举烽，言"赵寇至，且入
有一次，魏公子正和魏王下棋，这时从北部边境突然传来报警烽火，说是赵国向我们进
界"。魏王释博，欲召大臣谋。公子止王曰："赵王田猎
攻了，敌军很快就要进入我们的国境。魏王赶紧推开棋盘，就要召集大臣们开会商议。魏公子
耳，非为寇也。"复博如故。王恐，心不在博。居顷，复
劝止魏王说："那是赵王出来打猎，不是侵犯我国。"说完仍接着下棋。但魏王不相信，他心

1　魏昭王名遬，魏安釐王名圉（yǔ）。
2　信陵：古名邑，在今河南省宁陵县西。
3　博：下棋。

从北方来传言曰："赵王猎耳，非为寇也。"魏王大惊，
里害怕，心思不在棋上。过不多时，又有消息从北边传来说："那原来是赵王打猎，不是侵犯
曰："公子何以知之？"公子曰："臣之客有能深得赵王阴
我国。"魏王很惊讶，说："你怎么事先就知道呢？"魏公子说："我的宾客中有人能掌握赵
事[1]者，赵王所为，客辄以报臣，臣以此知之。"是后魏王
王的秘密，赵王将有什么活动，我的宾客都能及时向我报告，因此我对赵王的活动很清楚。"
畏公子贤能，不敢任子以国政。
从这件事情以后，魏王开始害怕魏公子的才能，反而不敢把国家大事交给魏公子办了。

魏有隐士曰侯嬴，年七十，家贫，为大梁夷门监[2]
魏国有个隐士叫侯嬴，已经七十岁了，家境贫穷，在大梁看守城东夷门。魏公子听说这个人物，
者。公子闻之，往请，欲厚遗之。不肯受，曰："臣修
就亲自去拜访他，想要送给他一些东西。但侯嬴不要，他说："我保持清高廉洁已经几十年了，我绝
身洁行数十年，终不以监门困故而受公子财。"公子于是
不能因为穷而接受您的东西。"魏公子一看不行，于是就举办了一个盛大的宴会。等客人们都就座以
乃置酒大会宾客。坐定，公子从车骑，虚左[3]，自迎夷门
后，魏公子亲自带着车马随从，空着车子左边的上座，到夷门去接侯嬴。只见侯嬴整理了一下自己的
侯生。侯生摄[4]敝衣冠，直上载公子上坐，不让，欲以
破衣冠，径直地上去就坐了车子左边的尊位，一点也不谦让，他是想故意地看看魏公子的态度如何。
观公子。公子执辔愈恭。侯生又谓公子曰："臣有客在
只见魏公子在那里抓着缰绳，非常谦虚。侯嬴上车后又对魏公子说："我有一个朋友在市场上的肉店

---

1 阴事：秘密事。
2 夷门监：夷门的门长。夷门，魏都大梁之东门。
3 虚左：空着左边的尊位以迎侯生。
4 摄：整理。

市屠中，愿枉车骑过之。"公子引车入市，侯生下见其客
里，麻烦你的车子绕个弯，带我过去看看他。"魏公子二话没说，赶着车子就来到了市场。这时候嬴

朱亥，俾倪[1]，故久立，与其客语，微察公子。公子颜色
从车上下来找到了他的朋友朱亥，俩人故意地在那里说个不休，同时侯嬴斜着眼睛观察着魏公子。只

愈和。当是时，魏将相宗室宾客满堂，待公子举酒。市
见魏公子的神态比刚才显得还要平静温和。当时，在魏公子家里，那满堂的贵客，满座豪贵，都在等

人皆观公子执辔，从骑皆窃骂侯生。侯生视公子色终不
着公子回来开宴。市场上的人们也都很惊奇地看着魏公子在给一个什么人牵着缰绳，跟随公子的警卫

变，乃谢客就车。至家，公子引侯生坐上坐，遍赞宾
们都在偷偷地骂侯生。侯生见魏公子的态度始终没有变化，这才辞别了朱亥，重新上车，来到魏公子

客[2]，宾客皆惊。酒酣，公子起，为寿侯生前[3]。侯生因谓
府中。魏公子请侯嬴坐到上座，把宾客们一一地向侯嬴做了介绍，宾客们见状都很吃惊。当大家饮酒

公子曰："今日嬴之为公子亦足矣。嬴乃夷门抱关者也[4]，
饮到了最痛快的时候，魏公子又站起身来，恭恭敬敬地向侯嬴敬酒。侯嬴于是对公子说："今天我侯

而公子亲枉车骑，自迎嬴于众人广坐之中，不宜有所
嬴把公子折腾得够呛。我不过是夷门的一个守门人，而公子竟能屈尊赶着车子，把我接到了这大庭广

过[5]，今公子故过之。然嬴欲就公子之名，故久立公子车
众里来，有些地方按理说那不是公子该去的，可是公子居然也去了。但话又说回来，我当时也是为了

骑市中，过客以观公子，公子愈恭。市人皆以嬴为小人
成就公子的好名声，所以我才故意地让公子带着车马在市场上久候。当时来来往往的人们都骂我是小

---

1. 俾倪（pì nì）：同"睥睨"，傲慢地斜视。
2. 遍赞宾客：——将宾客向侯生做介绍；赞，介绍。
3. 为寿：敬酒。
4. 抱关：守门。关，门闩。
5. 过：过分，此指超出常规的礼数。

而以公子为长者能下士也。"于是罢酒，侯生遂为上客。
人，而称赞公子为人厚道，礼贤下士。"于是大家尽欢而散，侯嬴从此成了魏公子家里的上宾。

公子闻赵有处士毛公藏于博徒[1]，薛公藏于卖浆家[2]，公
魏公子听说赵国有位才德高尚而洁身不仕的毛公混迹于一群赌徒之中，还有一位薛公隐匿在一

子欲见两人，两人自匿不肯见公子。公子闻所在，乃间
家酒店里，魏公子想见这两个人，这两人都故意地躲着不见。于是魏公子打听好了他们的住处后，自己

信陵君探访毛公、薛公

---

1 处士：隐居的德行之士。博徒：赌徒。
2 卖浆家：沽酒人家。

步往从此两人游[1]，甚欢。平原君闻之，谓其夫人曰："始
就换了衣服悄悄地走着去找他们了，和他们在一起谈得很开心。平原君听说这件事，对他的夫人说："从

吾闻夫人弟公子天下无双，今吾闻之，乃妄从博徒卖浆
前我听人说你的弟弟天下无比，可是如今我听说他竟然去跟一些赌徒和卖酒的鬼混，原来他是荒唐人。"

者游，公子妄人耳[2]。"夫人以告公子，公子乃谢夫人去，
平原君夫人把这些话告诉了魏公子，魏公子就向他姐姐告辞要离开赵国，他说："原先我是因为听着平

曰："始吾闻平原君贤，故负魏王而救赵，以称平原君。
原君不错，所以才宁可有负魏王也要来救赵国，为的是让平原君满意。可是现在看来平原君的好交朋友，

平原君之游，徒豪举耳，不求士也。无忌自在大梁时，
只不过是图虚名，并不是真正地要得到人才。我早在大梁的时候，就听说这里的毛公、薛公是两个人才，

常闻此两人贤，至赵，恐不得见。以无忌从之游，尚恐
到了赵国以后，我还唯恐见不到他们。我去跟人家交朋友，我还总担心人家不愿意，可是平原君却居然

其不我欲也，今平原君乃以为羞，其不足从游。"乃装为
认为是羞耻，看来平原君真是不值得一交。"说罢收拾东西就准备上路。平原君夫人赶紧把魏公子的这

去。夫人具以语平原君。平原君乃免冠谢，固留公子。
些话去告诉了平原君，平原君一听赶紧摘去了帽子来向魏公子赔礼道歉，坚决挽留魏公子，请求魏公子

平原君门下闻之，半去平原君归公子，天下士复往归公
不要走。平原君门下的宾客们知道了这件事，差不多有一半的人离开了平原君去投奔了魏公子，而诸侯

子，公子倾平原君客。
各国的士人来投奔魏公子的也越来越多，因而魏公子门客的人数大大地超过了平原君。

公子留赵十年不归。秦闻公子在赵，日夜出兵东伐魏。
魏公子在赵国一住十年。秦国听说魏公子还在赵国，于是就趁机不断地出兵东攻魏国。这使

---

1 间步：微服私访。
2 妄人：荒唐之人。

魏王患之，使使往请公子。公子恐其怒之，乃诫门下："有
魏王很头疼，最后无法只好派人到赵国请魏公子回去。魏公子怕魏王记旧恨，不愿回去，就对门下人
敢为魏王使通者，死。"宾客皆背魏之赵，莫敢劝公子归。
说："谁要是再敢为魏王的来人通报，我就处死他。"魏公子原来的门客们也都是跟着公子背叛魏国
毛公、薛公两人往见公子曰："公子所以重于赵，名闻诸侯
到赵国来的，所以也没人劝公子回去。这时毛公、薛公两人出来对魏公子说："你之所以在赵国受尊重，
者，徒以有魏也。今秦攻魏，魏急而公子不恤[1]，使秦破大
所以能名扬诸侯，就是因为有魏国的存在。如今秦国攻打魏国，魏国情况紧急而您不关心它，万一要
梁而夷先王之宗庙[2]，公子当何面目立天下乎？"语未及卒，
是秦兵攻破了大梁而又铲平了魏国先王的宗庙，到那时您有何面目立于天地之间呢？"话还没有说完，
公子立变色，告车趣驾归救魏[3]。
魏公子的脸色突然大变，他吩咐随从赶紧收拾车马启程，归救魏国。

---

1 不恤：不忧虑，不救。

2 夷：铲平。

3 趣驾：赶快备车。

平原君倾心养士

战国时代，群雄兼并，斗争激烈，各国争相招揽人才。互相竞争，形成人才流动的"市场"。战国四公子养士，各有食客三千，还嫌不够，想方设法挖对方的墙角，壮大自己的宾客，博取声名。魏公子和平原君是郎舅关系，平原君是魏公子的姐夫，两人关系极为密切，但在争夺宾客上也互不相让。魏公子客居赵国，与赌徒毛公、酒保薛公交游，用这办法来夺取平原君的客人。结果魏公子反客为主，他的门客比平原君还多。

在争相养士的社会背景下，有才干的游说之士身价百倍，一般的士人也以朝秦暮楚的姿态奔走于各国之间，出入四公子之门，有时做出很不合人情的事。主子与门客都装腔作势，形成一种社会风气。平原君美人一笑丧命的故事就是一个典型事件。

平原君相府门第邻居有一个跛脚的人，他每天一拐一拐地到井边打水，有点像扭秧歌。有一天平原君的一个美人在高楼上不经意间看到了，她忍不住笑了。一个健康人羞辱残疾人是不道德的，但平原君的美人只是在背后偷笑，也是人之常情，一个深闺女子，少见世面，看见他走路的样子觉得好笑，这又算什么呢？可是这个跛脚的人却不简单，他找上平原君门来，要求平原君杀了美人，献出人头，给他出气。平原君认为这跛脚的人是一个疯子，要求很出格，不予理睬。平原君的傲慢更加激怒了跛脚的人。这个跛脚的人大肆宣扬平原君好色轻士，纵容美人羞辱了他的人格。

平原君不惜杀人收买人心

　　平原君家的门客受不了这舆论，纷纷离去。平原君知道原因后，果真杀了美人，亲自提着人头到这个跛脚的人家里道歉。离开的门客又一个一个地回来了。

　　如果以生命为代价来表示礼贤，这样的礼贤带着血腥味，有多少真诚可言！但在当时社会风气下，平原君还真是很有诚意地用这办法来表白心迹，请求门客原谅，并取得了好的效果。这也曲折地反映了一条真理，人才要得到重用，也需市场调节，要有竞争，有社会需求，人才的价值才能体现，不尊重也得尊重，难道不是这样的吗？

平原君虞卿列传

平原君赵胜者,赵之诸公子也。诸子中胜最贤,喜宾客,

平原君赵胜,是赵武灵王的儿子。在武灵王的儿子中,以赵胜为最能干,他喜欢结交宾客,到过

宾客盖至者数千人。平原君相赵惠文王及孝成王,三去相,

他门下的宾客先后可以达到几千人。平原君相继做过赵惠文王和赵孝成王的宰相,曾经三次被免官,又

三复位,封于东武城[1]。

三次被重新起用。他的封地在东武城。

平原君家楼临民家。民家有躄者[2],槃散行汲[3]。平原君

平原君家的高楼和一家普通百姓的房子挨着。这家有个跛脚的人,每天一拐一拐到井边打水。

美人居楼上,临见,大笑之。明日,躄者至平原君门,请

有一天,平原君的一个美人在楼上看到了这种情景,不由得大声笑了出来。第二天,这个跛脚的人

曰:"臣闻君之喜士,士不远千里而至者,以君能贵士而贱

就来到平原君家向平原君请求说:"我听说您是喜欢养士的,并且听说士人们所以千里迢迢来投奔

妾也。臣不幸有罢癃之病[4],而君之后宫临而笑臣,臣愿得

您,就是因为您能够重人才而不重女色。我从小不幸得了这种残疾,而您的美人竟然公开地耻笑我,

笑臣者头。"平原君笑应曰:"诺。"躄者去,平原君笑曰:

我希望得到那个笑话我的女人的人头。"平原君笑着答应说:"好吧!"跛脚的人走后,平原君对

---

1 东武城:在今山东武城县。
2 躄(bì)者:跛子。
3 槃散:同"蹒跚",跛行的样子。
4 罢癃(lóng):残疾,足跛而背驼。

"观此竖子[1],乃欲以一笑之故杀吾美人,不亦甚乎?"终不
左右的人说:"看这个小子,居然就因为笑了他一声,他就来让我杀我的美人,这不太过分了吗?"
杀。居岁余,宾客门下舍人稍稍引去者过半。平原君怪
说罢也就搁下完事了。过了一年多,他发现门下的宾客和侍役的人们渐渐走掉了一半以上。平原君
之,曰:"胜所以待诸君者未尝敢失礼,而去者何多也?"
很奇怪,他问人们:"我对待宾客没有一点失礼的地方,可是离开的人为什么越来越多呢?"这时
门下一人前对曰:"以君之不杀笑躄者,以君为爱色而贱
有一个门下的客人过来说:"就因为您没有杀那个嘲笑跛脚者的美人,大家都认为您是重女色而不
士,士即去耳。"于是平原君乃斩笑躄者美人头,自造门进
重人才,所以大家都走了。"平原君一听,赶紧杀了那个笑话跛脚者的女人,提着她的人头亲自到
躄者,因谢焉。其后门下乃复稍稍来。是时齐有孟尝,魏
那个跛脚者家去登门道歉。这以后,那些走了的人们才又慢慢地回来了。这个时候,齐国有孟尝君,
有信陵,楚有春申,故争相倾以待士[2]。
魏国有信陵君,楚国有春申君,他们都以招纳宾客而互相竞争。

1 竖子:小子,轻蔑语。
2 倾:压倒对方。

汉高祖背信斩丁公

丁公是季布的舅舅。丁公、季布两人都是勇将，追随项羽为楚将。季布是有名的游侠，为人重然诺，他事奉项王，忠心耿耿，多次困迫刘邦。刘邦对季布怀恨在心，当了皇帝以后，全国通缉季布。后来刘邦赦免了季布，认为他是个忠臣，任用季布为郎中，官至河东太守，为汉名臣。丁公事奉项王却有二心，在一次战斗中放跑了刘邦，自认为有恩于刘邦。丁公见自己外甥季布都当了官，自以为见了高祖可以得大官，想不到却丢了脑袋。丁公、季布，两相对照，极为有趣。

这事须从头说起。

公元前205年，彭城大战，汉王刘邦兵败逃跑，丁公奉命拦击，恰好包围了刘邦。短兵相接，刘邦陷入重围，眼看将要被捉。刘邦情急生智，他回头对着丁公呼叫，说："丁将军，你是条好汉。我刘邦也是英雄，英雄惜英雄，请丁将军高抬贵手，后会有期，不要逼急了两雄相拼，也给自己留条后路吧。"丁公觉得刘邦的话，颇有道理。他撤围退走，刘邦得以逃脱。楚汉相争，项羽失败，刘邦胜利，当了皇帝，建立了汉朝。

丁公脚踏两只船，自以为得计，项王胜了，他是项王的将；刘邦胜了，他救过刘邦的命。丁公不曾想，他的背叛，坏了项王大事。丁公能背叛项王，能不背叛刘邦吗？背主之臣，人怕人恨，刘邦当然不会例外。

丁公见了高祖刘邦，述说前事，刘邦哈哈大笑。他对丁公说："我没

丁公卖主求荣

捉拿你,已经便宜了。今天你自个来送死,不要后悔。"刘邦下令立即将丁公斩首示众,通告全军说:"丁公为项王之臣,不尽忠心,使项王失掉了天下的人,就是丁公这一般叛臣。今天杀了丁公,希望大家从这件事吸取教训,谁做叛臣,丁公就是榜样。"

丁公背叛项王,罪有应得。但丁公有恩于刘邦,刘邦诛杀丁公,已属过分,还要将丁公首级示众,又通告全军批判丁公为叛臣,就太过分了。刘邦借恩人之头,杀鸡儆猴,政治无情,于此可见。

▲ 明人绘《汉高祖刘邦像》

季布栾布列传·丁公

季布母弟丁公，为楚将。丁公为项羽逐窘高祖彭城西，
季布的舅舅丁公，为楚项王将领。丁公曾经在彭城之战中为项羽追逐高祖在彭城西，短兵相

短兵接，高祖急，顾丁公曰："两贤岂相厄哉！"于是丁公引
接，高祖危急，回头对丁公说："我们都是好汉，怎能互相逼迫不留一点面子呢！"于是丁公领兵

兵而还，汉王遂解去。及项王灭，丁公谒见高祖。高祖以丁
退还，汉王才脱身逃走。等到项王灭亡，丁公去拜见高祖。高祖捉住丁公在军中示众，说："丁公

公徇军中，曰："丁公为项王臣不忠，使项王失天下者，乃丁
为项王臣不忠，使项王丢了天下的人，就是丁公这般卖主的人。"竟杀了丁公的头，说："让后世

公也。"遂斩丁公，曰："使后世为人臣者无效丁公！"
做人臣的，不要效法丁公！"

▲ 清人绘《汉文帝刘恒像》

汉文帝听言召季布

　　这是一个打小报告露馅的故事。汉文帝是一位开明的君主，但也喜欢听小报告。季布在河东当太守，有人在文帝耳边吹风，赞誉季布。文帝下旨召见，打算启用季布为御史大夫。小道消息又传到季布耳里，季布自然高兴地进京。可是在公馆里住了一个多月，才被文帝召见。文帝接见季布，又无话可说，例行公事完毕，让季布回到河东原官任职。

季布直言有人说他坏话

原来季布进京时，又有人给文帝打了小报告，说季布是一介武夫，打仗勇敢，饮酒使性，当不了御史大夫。文帝觉得有理，改变初衷，不任用季布做御史大夫。所以才让季布在京城坐了一个多月冷板凳。

季布是个直性人，他被怠慢，知道汉文帝变了卦。季布见了文帝忍不住就把窗户纸捅破了。季布对文帝说："臣无德无能，在河东任职。陛下郑重其事召见下臣，不会无缘无故，一定是有人在背后说了下臣的好话；下臣到了京师，无所事事，还回原任，一定是有人在背后说我的坏话。陛下是英明之君，不能因人说了一句好话就重用下臣，又因人说了一句坏话就抛弃下臣。这样下去，打陛下算盘的人就多了。"文帝无话可说，沉默了一阵，才找了个借口说："河东郡离京师很近，好比人的臂膀，地位重要，因此召你进京述职。"季布也不理睬，不再说什么，只好告辞，回到原任上。

季布栾布列传

季布为河东守[1],孝文时,人有言其贤者,孝文召,欲以为御史大夫。复有言其勇,使酒难近[2]。至,留邸一月[3],见罢[4]。季布因进曰:"臣无功窃宠,待罪河东。陛下无故召臣,此人必有以臣欺陛下者;今臣至,无所受事,罢去,此人必有以毁臣者。夫陛下以一人之誉而召臣,一人之毁而去臣,臣恐天下有识闻之有以窥陛下也[5]。"上默然惭,良久曰:"河东吾股肱郡[6],故特召君耳。"布辞之官[7]。

季布出任河东太守。孝文帝时,有人说季布能干,孝文帝召见,想用他为御史大夫。又有人说季布虽然勇敢,但酗酒任性,难以亲近。季布到了京师,在宾馆里住了一个多月,文帝召见后让他回郡。季布随即对文帝说:"我没有功劳,却受到皇上恩宠,能在河东任职。陛下无缘无故召见我,这一定是有人欺骗陛下说我好;现在我到了京师,没有新任务,就回到任上,这也一定是有人在毁谤我。陛下听了一个人的称赞就召见我,又听了一个人的毁谤就让我离开,我担心天下有见识的人知道后,就要猜度陛下心意钻空子了。"皇上沉默不语而惭愧,好久才说:"河东郡是我的左臂右膀,所以特地召见你罢了。"季布告辞回到河东任上。

---

1 河东:郡名,治安邑,在今山西省夏县西北。
2 使酒难近:季布好纵酒,难以为天子亲近大臣。
3 邸:官舍。
4 见罢:文帝召见后让他还郡。
5 窥陛下:窥测陛下,测度心意钻空子。
6 股肱郡:河东近畿辅,有如国之股肱。文帝默然后的遁词。
7 布辞之官:季布拜辞文帝,回到任上。

鲍叔牙推荐管仲给齐桓公（明内府彩绘本《春秋五霸七雄通俗演义列国志传》插图）

交谊故事

四则

管鲍相知情义深

　　管仲与鲍叔牙是中国历史上一对要好的朋友。管仲辅佐齐桓公称霸,是春秋时的大政治家和军事家、外交家。《史记·管晏列传》对管仲的传记,主要笔墨并没有放在写管仲的个人功绩上,而是着重写管仲与鲍叔牙两人的交谊,直截了当地写鲍叔牙的知贤、荐贤和让贤的高尚品德和行为,暗示没有鲍叔牙就没有管仲。一支笔,同时写出两个人,真是大手笔。管仲与鲍叔牙二人从小是好朋友。鲍叔牙出身高贵,是齐国大夫之后,管仲出身平民,两人身份相差甚远,但鲍叔牙知道管仲有才,将来为国家出力,所以打破门第与管仲交往,这已经是很不简单了。说来也巧,管仲青年时做事,件件不顺。他三次当了官,三次被罢免。他家有老母,可又多次被征召出征,管仲不能死在战场,丢下老母没人管,只好三次参战当了三次逃兵,被人看作胆小鬼。管仲与鲍叔牙谋事,一件也没办成。管仲与鲍叔牙经商,赚多赚少,管仲又总是多占一些。常人看来,管仲不可交,无才无德又贪心。但鲍叔牙不这么看,他深信管仲的才能,做事不顺,当官不成,原因是还少了磨炼,机遇不到,多分利,当逃兵,因为管仲是个大孝子,家有老母,这样的人是好样的。因为忠臣多出孝子之门。鲍叔牙坚信管仲有朝一日时来运转,就能发挥个人的潜能替国家出力。

　　齐国襄公死后,发生内乱。公子小白与公子纠两兄弟争权,鲍叔牙追随小白、管仲追随公子纠,公子纠长于小白,继承君位更有利;小白有才能，有人缘，得到大多数齐国大夫的支持。公子纠母家是鲁国，外援鲁国是个较大的国家；而小白母家是莒国，莒国小力弱。两兄弟争权，各有长短，关键就看谁能先进入齐都。鲍叔牙与管仲成了敌对的双方。这一回管仲又把宝押错了，结果小白先入齐都，登上国君之位，齐大鲁小，齐国发兵打败鲁国，公子纠死了，管仲成了囚犯。在交战中，管仲向小白射了一支暗箭。幸亏被小白身上的饰物衣带钩挡住了箭头，小白差点被射死。小白当了国君，对管仲恨得要死，对拥立自己的鲍叔牙言听计从。又是鲍叔牙极力推荐管仲，齐桓公赦免了管仲，重用管仲为齐相，齐国果然大治。鲍叔牙推荐管仲，不仅仅是荐贤，而且更重要的是让贤，管仲为相，

管仲射中公子小白带钩

鲍叔牙反而在下位，这种以国家利益为重的精神，表现了鲍叔牙是一个纯粹的人。鲍叔牙知道管仲有才，他与管仲交友，纯粹是爱才，为国家保护人才，没有一点私心，甚至牺牲自己来成全管仲，这都是为了友谊，为了国家。鲍叔牙不仅是一个好伯乐，还是一个无与伦比的爱国者。管鲍之交的故事包含许多珍贵的民族精神。

管晏列传·管仲

管仲夷吾者，颍上人也[1]。少时常与鲍叔牙游[2]，鲍叔知其
_{管仲名夷吾，是颍上人。青年时长期与鲍叔牙交往，鲍叔牙知道他很有才干。管仲因为贫困，经}
贤。管仲贫困，常欺鲍叔[3]，鲍叔终善遇之，不以为言。已而
_{常占鲍叔牙的便宜，鲍叔牙一直友好地善待他，也没有一点怨言。后来鲍叔牙侍从齐公子小白，管仲侍}
鲍叔事齐公子小白[4]，管仲事公子纠[5]。及小白立为桓公，公子
_{从齐公子纠，两人各事其主。小白得胜即位为齐桓公，公子纠死了，管仲成了阶下囚。鲍叔牙却又把管}
纠死，管仲囚焉[6]。鲍叔遂进管仲[7]。管仲既用，任政于齐，齐
_{仲推荐给齐桓公。管仲受到重用，在齐国当政，齐桓公得以称霸天下，多次盟会诸侯，维护周室，一度}
桓公以霸，九合诸侯，一匡天下，管仲之谋也。
_{使天下复归于正，这都是管仲的谋略。}

管仲曰："吾始困时，尝与鲍叔贾[8]，分财利多自与，鲍叔
_{管仲说："我当初贫困时，经常与鲍叔牙合伙做买卖，分利润时自己总是多占一份，}

---

1 颍上：今安徽颍水一带。颍，水名。
2 鲍叔牙：春秋时齐国大夫，以知人著称，他把管仲推荐给齐桓公。游：交游。
3 常欺鲍叔：指管仲与鲍叔同做生意分钱时，管仲多自取钱财。欺，占上风，即下文的"分财多自与"。
4 已而：不久。公子小白：即齐桓公，姓姜，名小白，齐襄公之弟。
5 公子纠：齐襄公之弟，桓公兄，襄公死后与小白争君位，失败后被杀。
6 囚焉：囚禁。焉，语助词。
7 进：推举。
8 贾（gǔ）：经商。

不以我为贪，知我贫也。吾尝为鲍叔谋事而更穷困，鲍叔不
鲍叔牙不认为我贪财，了解我贫困。我曾经替鲍叔牙谋事，反而使鲍叔牙更加困窘，鲍叔
以我为愚，知时有利不利也。吾尝三仕三见逐于君，鲍叔不
牙并不认为我愚笨，知道时机有利有不利。我曾经三次出仕，三次遭罢免，鲍叔牙并不认
以我为不肖[1]，知我不遭时也[2]。吾尝三战三走[3]，鲍叔不以我为怯，
为我无才，知道我时运还没到。我曾经三次参加战斗，三次开了小差，鲍叔牙不认为我是
知我有老母也。公子纠败，召忽死之[4]，吾幽囚受辱，鲍叔不以
胆小鬼，知道我有老母在。公子纠在政治斗争中失败，召忽为此自杀，我却被囚禁受辱，
我为无耻，知我不羞小节而耻功名不显于天下也。生我者父
鲍叔牙不认为我没有廉耻，知道我不羞小节而以功名未成为大耻。生我的人是父母，了解
母，知我者鲍子也。"
我的人是您鲍叔牙啊！"

　　鲍叔既进管仲，以身下之。子孙世禄于齐，有封邑者十
　　鲍叔牙既然推荐了管仲，自己心甘情愿居于下位。鲍叔牙的子孙世世代代在齐国享有俸禄，有封邑
余世，常为名大夫。天下不多管仲之贤而多鲍叔能知人也[5]。
的子孙达十几代，一门常出名大夫。天下的人不仅仅称赞管仲的才能，而是更称赞鲍叔牙能识别推荐人才。

---

1 不肖：不贤。
2 不遭时：没有遇到好运气。
3 走：逃跑。
4 召忽：齐国人，曾与管仲同辅公子纠，纠被杀后，召忽自杀。
5 多：称赞。

美德巅峰上的季札

许多人为了争权夺利,不惜同室操戈,残害至亲。据说奥斯曼帝国新君即位,第一件要办的大事就是杀死自己的兄弟。中国历史上,子弑父,弟杀兄,皇帝屠功臣的事,也是史不绝书。春秋时吴国始祖吴太伯,让位季历而逃奔,改变了江南蛮夷风俗,受到世世代代吴国百姓的尊敬。吴太伯传了十九代,到了吴王寿梦,他有四个儿子,长子诸樊,次子馀祭、三子馀昧,少子季札。季札最贤,寿梦想把王位传给季札,季札就是不受,让国学习始祖吴太伯,发扬了礼让的高尚美德,而季札的侄儿们却争权夺位,互相残杀,形成鲜明对照。吴国诸公子的争夺,更加烘托了季札的美德。

季札封在延陵,世称延陵季子。季札天资聪颖,品德高尚,学识渊博,他不仅具有敏锐的政治头脑,能够见微知著,辨别善恶,而且颇富外交家的才具,多次肩负重任,出访中原,深得各国诸侯和贤臣名相的信赖,是位众望所归的公子。公元前561年,寿梦去世。寿梦生前想让季札继承王位,但季札避让坚辞,寿梦只好让长子诸樊执掌国政,但留下遗言,让诸樊来完成传位季札的使命。

公元前544年,季札受吴王馀祭之托出访中原各国。季札先到了鲁国,听到鲁国所演奏的乐曲,他一一作出评论,表现了他博学宏才与高度的艺术修养。季札又到了齐国,从齐国大夫接待中的人情以及观察,看到齐国即将有动乱,季札就劝齐相晏婴尽快交出封地,辞去官职,避免灾祸。晏婴听了劝告,后来果免于祸。季札离开齐国,到了郑国,见到子产,两人如遇故人,滔滔不绝纵论天下大事。季札对子产语重心长地说:"郑国当今执政的人奢华放纵,盛气凌人,大难将要降临。治理郑国的重任一定会落在您的肩上。你执政时要小心谨慎,以礼治国,郑国有救。"子产正襟危坐,神色严肃,点头称是。后来子产果然执政,成为春秋时代最著名的政治家。最后,季札到了晋国,他很欣赏赵文子、韩宣子、魏献子。晋国执政叔向盛礼款待季札,临别时虚心向季札

叔向依依不舍地送别季札

求教，展望晋国政治。季札见叔向诚心，也毫不客气沉重地说："你努力吧。晋君骄奢淫逸，晋良臣众多，大夫豪富，政权将落入韩、赵、魏三家。你为人刚直，定要慎重行事方免于祸，保重啊，保重！"叔向怦然心动，感慨季札的无私指教。青山疏林，烟霞晨雾，遮住了季札远去的行车，叔向还久久地站立在送别的地方遥望季札离去的方向。

这次季札出访，路过徐国。徐君盛情接待，他看上了季札的佩剑，请求观赏，爱不释手。季札看出徐君想讨这把宝剑，不忍开口，做出了各种暗示。因为这宝剑是使节的象征，季札心里已经决定送给徐君，但要出访完成，返回时再送，硬着心肠收回了宝剑。等到季札返回途中，徐君已撒手人寰。季札悔恨不已，来到陵园。只见徐君坟墓背倚山峦，山上林木苍翠，怪石嶙峋；面对小溪，溪水澄澈清冽，蜿蜒曲折。坟墓四周，竹树环合，碧草如丝，幽冷凄清，寂寥无人。季札悲怆肃穆，行礼之后，解下宝剑，郑重地挂在徐君墓前一株小松树上。随从人员迷惑不解，问道："徐君已死，那宝剑还给谁呀？"季札说："当初，我内心已答应徐君，怎能因为他的去世找就违背自己的心愿呢？"这故事史称"季札挂剑"，历代传为美谈。

季札的美德高峰是三让天下。寿梦要传世季札，季札坚拒不受，这是一让天下。寿梦还不死心，对长子诸樊说，你继位吴王，替我传位季札。诸樊牢记父王临终遗言，丧服期满，要把王位让给季札，季札仍然坚拒。他说："曹宣公死后，诸侯们和曹国人都认为新立的负刍不义，他们拥护子臧。子臧就离开了曹国，以便负刍继续在位。君子称赞子臧能遵守节义。您作为长子是合乎礼制的继承人，谁敢反对？当国君不是我的本分。我虽不才，愿以子臧为榜样。"吴国人坚持要立季札，季札就抛

季札挂剑（法国·禄是遒《中国民间崇拜研究》插图）

弃家室财产，离开都城种地去了。吴国人只好作罢。这是二让天下。公元前548年，诸樊去世。他留下遗言把王位传给二弟馀祭，目的是想按兄死弟继的次序，最终立季札为王，以满足先父的遗愿。公元前531年，馀祭去世，三弟馀昧继位。公元前527年，馀昧去世，传位季札。季札依旧坚辞不受，又一次逃离都城。吴国人无可奈何，立馀昧的儿子僚为王。这是季札三让天下。可是季札的侄儿们却没有继承父辈的让德。诸樊的儿子公子光说："季札叔叔当吴王我没意见，这是祖父的遗愿。季札不当吴王，理应长子继承，王位要归还给我。"于是公子光处心积虑，刺杀了吴王僚，夺了王位，这就是吴王阖庐。季札回到了臣子的位置上。

季札是个全才，他懂政治，懂艺术，当时吴王是一个贤君。吴王寿梦传位选贤，打破宗法制，是一个进步。但这种超时空的思想行不通，首先就遭到季札的拒绝，季札太看重宗法礼制，比父亲的观念要落后，但他礼让的精神，不愿卷入政治漩涡，修养完满美德，为历代人们所传颂。江苏丹阳市有季子墓，墓前有一十字碑文，文曰："呜呼有吴延陵季子之墓。"一声慨叹，意味深长，相传为孔子所书。清朝前期诗坛领袖王士禛有《丹阳十字碑》绝句一首，曰：

延陵风义著勾吴，十字千年映练湖。
却去阖闾城畔望，可怜麋鹿满姑苏。

吴王阖庐夺位，雄图霸业，结果二世吴亡。阖庐之子吴王夫差，穷兵黩武，为越王勾践所灭。吴王阖庐所筑的王城，早已成为野兔麋鹿出没的场所，而季札的高风美德，却长留人间。

吴太伯世家·季札

吴王寿梦卒。寿梦有子四人,长曰诸樊,次曰馀祭,次
<small>吴王寿梦死。寿梦有四个儿子,长子叫诸樊,次子叫馀祭,老三叫馀眛,最小的叫季札。</small>
曰馀眛,次曰季札。季札贤,而寿梦欲立之,季札让不可,
<small>季札最有贤德,寿梦打算立他为后,但季札坚决推辞不受,于是只好立长子诸樊为继承人,开始</small>
于是乃立长子诸樊,摄行事当国。
<small>代管国家大事。</small>

王诸樊元年,诸樊已除丧,让位季札。季札谢曰:
<small>诸樊即位元年,守孝期满以后,诸樊又想让位给季札。季札辞谢说:"曹宣公死后,当时诸侯各国</small>
"曹宣公之卒也,诸侯与曹人不义曹君[1],将立子臧,子臧
<small>和曹国国内的人们都对新君曹成公很不满意,他们准备拥立子臧为曹君,子臧没有接受就离国出走了,目</small>
去之,以成曹君,君子曰'能守节矣'。君义嗣[2],谁敢
<small>的是成全曹成公。于是有德君子都称赞子臧是个能坚守节操的人。如今你是合礼合法的继承人,谁敢反对</small>
干君!有国,非吾节也。札虽不材,愿附于子臧之义。"
<small>你呢!如果让我占有国家,那是我的品节所不允许的。我虽然没有什么出息,但我愿意学习子臧那种义气。"</small>

吴人固立季札,季札弃其室而耕,乃舍之。
<small>吴国的人们仍坚持要拥立季札,季札只好抛家别子,躲到一个地方去耕田为业了,吴人这才罢休。</small>

十三年,王诸樊卒。有命授弟馀祭,欲传以次,必致
<small>十三年,吴王诸樊死。他留下遗嘱传位给弟弟馀祭,准备兄弟几人依次相传,最后还是要把王位</small>

---

1 曹君:指曹成公。
2 君义嗣:谓诸樊是嫡长子,嗣位合于礼义。

国于季札而止，以称先王寿梦之意，且嘉季札之义，兄弟皆
传给季札，以了却先王寿梦的心愿，并以此来表彰季札让国的节义。季札的几位兄长也都想传国给季札，

欲致国，令以渐至焉。季札封于延陵，故号曰延陵季子。
于是依次嗣位用渐进的办法达到目的。季札当时被封在延陵，所以叫作延陵季子。

四年[1]，吴使季札聘于鲁，请观周乐。
馀祭四年，吴国派季札出使鲁国。季札到鲁国后，请求观赏周天子赐给鲁国的音乐。

去鲁，遂使齐。说晏平仲曰[2]："子速纳邑与政[3]。无
季札离开鲁国后，又出使到了齐国。他劝告齐相晏婴说："你应该马上把自己的封地和手中的

邑无政，乃免于难。齐国之政将有所归；未得所归，难
权力交还给国君。没有封地和权力，才能免遭灾难。齐国的政权将会另有所归；在还没有转变之前，

未息也。"故晏子因陈桓子以纳政与邑，是以免于栾高
国家的祸乱是不会停止的。"因此晏婴通过陈桓子把自己的职权和封地都交了出来，从而在栾施、高

之难[4]。
强作乱时，安然无恙。

去齐，使于郑。见子产，如旧交。谓子产曰："郑之执政
季札离开齐国，又去了郑国。见到子产，就像老朋友一样亲热。季札对子产说："郑国的执政者

侈[5]，难将至矣，政必及子。子为政，慎以礼。不然，郑国将
太荒淫无度了，大祸就要临头，那时国家权力一定会到你的手里。你当权后，应该谨慎地以礼治国。否则，

1　四年：吴王馀祭四年，当鲁襄公二十九年，即公元前544年。
2　晏平仲：齐相晏婴，字仲，平为谥号。
3　纳邑与政：交还封邑与政权。
4　栾高之难：鲁昭公十年（前532年），栾施、高强欲灭陈桓子、鲍国二氏，陈、鲍先发难攻栾、高，栾、高二氏兵败奔鲁。晏婴在这场变难中守中立，安然无恙。
5　郑之执政：指伯有，郑穆公之子，子产之弟。侈：荒淫无度。

败。"去郑，适卫。说蘧瑗、史狗、史鰌、公子荆、公叔发、

郑国就会败亡。"季札离开郑国，又到了卫国。他很喜欢卫国的蘧瑗、史狗、史鰌、公子荆、公叔发、

公子朝曰："卫多君子，未有患也。"

公子朝等人，季札说："卫国有这么多君子，是不会有什么灾难的。"

自卫如晋，将舍于宿[1]，闻钟声，曰："异哉！吾闻之，

季札从卫国去晋国路上，准备在宿地过夜，忽然听到有人击磬作乐的声音，他说："奇怪啊！我听说，

辩而不德，必加于戮[2]。夫子获罪于君以在此，惧犹不足，

既搞变乱，又没有德行的人，一定会有杀身之祸。孙文子得罪卫君逃到了这里，害怕都来不及，怎么有心

而又可以畔[3]乎？夫子之在此，犹燕之巢于幕[4]也。君在殡

思寻欢作乐呢？孙文子在这里，就好像燕子把窝做在帐幕上，随时都有危险。再说老国王的尸体都还没有

而可以乐乎？"遂去之。文子闻之，终身不听琴瑟。

安葬，他怎么可以如此欢乐呢？"于是立刻离开了宿地。孙文子知道这件事后，一辈子也没有再听过音乐。

适晋，说赵文子、韩宣子、魏献子[5]，曰："晋国其萃[6]

季札到了晋国，对赵文子、韩宣子、魏献子很喜欢。就说："晋国的权力今后可能要集中到你们这

于三家乎！"将去，谓叔向曰："吾子勉之！君侈而多

三家中来了。"离开晋国前，季札对叔向说："你要努力而为啊！晋君奢侈，大臣贤良的却不少，而且个

良，大夫皆富，政将在三家。吾子直，必思自免于难。"

个十分富裕，将来的政权恐怕会落到那三家人的手里去。你为人刚正不阿，一定要多想想免遭伤害的办法。"

---

1. 宿：卫孙文子的封邑，读"戚"，在今河南濮阳县北。
2. 辩：通"变"，变乱，指孙文子以臣逐君，既为变乱，而又不德，必遭刑戮。孙文子在卫献公十三年曾以戚叛，出献公。
3. 畔：通"般"，乐也。
4. 幕：帐幕，随时可撤，燕巢于幕，喻处身险境。
5. 赵文子：赵武之谥。韩宣子：韩起之谥。魏献子：魏荼之谥。
6. 萃：集中。

季札之初使，北过徐君。徐君好季札剑，口弗敢言。
季札开始出访时，曾北行路过徐国。徐国的国君喜欢上了季札的佩剑，又不想说出来。季札也心

季札心知之，为使上国，未献。还至徐，徐君已死，于
领神会，因为还要出使到中原各国，所以没有当场奉献。等他出使返回到了徐国时，徐国国君已经死了，

是乃解其宝剑，系之徐君冢树而去。从者曰："徐君已死，
于是季札就解下身上的宝剑，挂在徐国国君墓前的树上，然后才离开。随从他的人说："徐国国君已经死

尚谁予乎？"季子曰："不然。始吾心已许之，岂以死倍
了，剑还留下来给谁呢？"季札说："话不能这样说。我一开始心里就答应送他的，现在怎么可以因为他

吾心哉[1]？"
死了就改变初衷呢？"

十七年，王馀祭卒，弟馀昧立。
十七年，馀祭死了，他的弟弟馀昧继位。

四年，王馀昧卒，欲授弟季札。季札让，逃去。于是吴人
四年，馀昧死了，他死前也想传位给弟弟季札。季札推辞不掉，就出逃了。于是吴国人们说：

曰："先王有命，兄卒弟代立，必致季子。季子今逃位，则王馀
"先王曾经有遗命，哥哥死后由弟弟代立，一定要传位给季札。如今季札逃走了，馀昧就是最

昧后立。今卒，其子当代。"乃立王馀昧之子僚为王。
后一个弟弟即位，他现今死了，由他的儿子继位吧。"国人就立吴王余昧之子僚为吴王。

公子光者，王诸樊之子也。常以为"吾父兄弟四人，当
公子光是吴王诸樊的儿子。他常常说，我父亲兄弟四人，当传位到季子。季子既然不肯

传至季子。季子即不受国，光父先立。即不传季子，光当
接受，我的父亲是最先立为王的，王位不传给季子，就应该传给我。于是他暗中招纳贤士，准

---

1 倍：通"背"。

立"。阴纳贤士，欲以袭王僚。

备刺杀吴王僚。

十二年冬，楚平王卒。十三年春，吴欲因楚丧而伐之，

吴王僚十二年冬，楚平王死了。十三年春，吴国趁楚国在办丧时起兵伐楚，就派公子盖馀和烛庸

使公子盖馀、烛庸以兵围楚之六、灊[1]。使季札于晋，以观诸侯

率领军队包围了楚国的六县和灊县。又派季札出使到晋国，以观察中原各国的态度。楚国派兵截断了吴

之变。楚发兵绝吴兵后，吴兵不得还。于是吴公子光曰："此

国军队的后路，吴军一时回不来了。这时公子光说："这个机会不能错过了。"他告诉专诸说："不去

时不可失也。"告专诸曰："不索何获[2]！我真王嗣，当立，吾

追求，哪能有收获！我是真正的王位继承人，应该为王，现在我想得到它。虽然季札回来，也不会废掉我的。"

欲求之。季子虽至，不吾废也。"专诸曰，"王僚可杀也。母

专诸回答说："王僚是可以杀掉的，他的母亲老不中用，他的孩子软弱无力，他的两个弟弟正在带兵伐楚，

老子弱，而两公子将兵攻楚，楚绝其路。方今吴外困于楚，

而楚国又切断了他们的退路。如今吴国正处在外被楚军所围，内无骨鲠大臣辅政的时机，王僚对我们是

而内空无骨鲠之臣，是无奈我何。"光曰："我身，子之身也。"

无可奈何的。"公子光说："我们生死与共，你放心去吧！"到四月丙子那天，公子光把全副武装的勇

四月丙子，光伏甲士于窟室[3]，而谒王僚饮[4]。王僚使兵陈于道，

士埋伏在地下室里，然后请吴王僚到他家里喝酒。吴王僚派兵沿途警戒，从王宫一直到公子光的家门前，

自王宫至光之家，门阶户席，皆王僚之亲也，人夹持铍。公

上上下下，全部都是王僚的心腹亲信，而且每个人左右两手都拿着锋利的剑。公子光假装脚痛，离席进

---

1. 盖馀、烛庸：两人为吴王僚之弟。六、灊（qián）：两邑名。六，在今安徽省六安市之北。灊，即今安徽省霍山县。
2. 不索何获：不去追求，哪能有收获。
3. 窟室：地下室。
4. 谒：迎请。

子光佯为足疾，入于窟室，使专诸置匕首于炙鱼之中以进食。
入地下室，他让专诸把小匕首放进烧熟的鱼肚里，送到宴席上来。当专诸突然用匕首刺中王僚时，他的

手匕首刺王僚，铍交于匈[1]，遂弑王僚。公子光竟代立为王，是
胸膛也被数名武士的利刃刺破，但他还是杀了吴王僚。公子光终于自立为王，这就是吴王阖庐。阖庐封

为吴王阖庐。阖庐乃以专诸子为卿。
专诸的儿子做了吴国的卿大夫。

季子至，曰："苟先君无废祀，民人无废主，社稷
季札回国后，说："只要祖宗的祭祀没有断掉，老百姓不会没有君主，社稷有人祀奉，那么谁当

有奉，乃吾君也。吾敢谁怨乎？哀死事生，以待天命。
王谁就是我的君主。我还敢去怨恨谁呢？我只有哀悼死的，尽忠活着的，以顺应天命。这场祸乱不是我

非我生乱，立者从之，先人之道也。"复命，哭僚墓，
制造的，谁当了国君就服从谁，这是祖宗的遗训。"于是他到王僚的坟前报告了出使的情况，大哭一场后，

复位而待。吴公子烛庸、盖馀二人将兵遇围于楚者，闻
又回到原先的职位上等待新君的安排。再说被楚军所围的王僚的两个弟弟烛庸和盖馀，听到公子光残杀

公子光杀王僚自立，乃以其兵降楚，楚封之于舒。
王僚自立为王的消息后，就率领吴军投降了楚国，楚国把他们封在了舒县。

---

1 铍交于匈：指数把利刃同时刺进专诸之胸。吴王僚被刺，他的侍从亦杀专诸。

▲ 申屠嘉秉公执法（清人绘《帝鉴图说·遣幸谢相》）

申丞相折腰纳言

这是一个官场相交的故事，袁盎的一席话，包含人情世故，具有多重哲理，值得玩味。

封建社会，官场争权，互相倾轧，结党营私，在西汉圣明的文帝、景帝时代也不例外。当时的几个名臣，由于性格与政见不合，互斗不已。

楚人袁盎，父亲是一个惯盗，袁盎改节从善，有侠义之风。文帝时，袁盎为中郎，升任吴王相，景帝时官至太常。袁盎敢直谏，多心计，好荐贤士，名重于时。

颍川人晁错，学刑名之学，为文帝太子家令，深得太子刘启信任。刘启即位，就是景帝。景帝任用晁错，推行政治革新，削弱诸侯王，用法严峻。晁错与袁盎性情不投，政见不合，两人势同水火。

申屠嘉，梁国人，是一介武夫，西汉开国的二等功臣。申屠嘉为人正直，文帝晚年用为丞相。这时功臣们大多凋零，申屠嘉是存世不多的几个功臣，资历最老，因而做了丞相。申屠嘉办事刻板，因循守旧，但他能惩治奸佞，敢直言，甚至顶撞皇帝，所以也闻名当世。申屠嘉当丞相的第五年，文帝驾崩，景帝立。晁错用事，第二年升为御史大夫。晁错不把申屠嘉放在眼里，申屠嘉想惩治晁错，结果在景帝面前碰了钉子，气愤吐血而死。

在这种人际背景下，袁盎结盟申屠嘉共同对付晁错，本在情理之中。

但申屠嘉脾气古怪，不与人交往。袁盎认为，申屠嘉的脾气，会妨碍他办大事。他有心结交丞相，并提批评建议。

袁盎等待机会，结交申屠嘉。这个机会来得很巧。袁盎为吴王相，吴王反汉日益明显，袁盎寻找脱身之计，告假回朝。快到京师，正值申屠嘉外出，两人在路上相遇。袁盎望见丞相，十分恭敬，早早下车拜伏路旁。申屠嘉见了袁盎，十分傲慢，他没有下车，只在车上拱了拱手就离开了，连句寒暄话都没有。袁盎认为是奇耻大辱，但他深知申屠嘉脾气，吃硬不吃软，他借这机会去拜谒丞相。

袁盎造访丞相，申屠嘉慢吞吞才开门。袁盎跪拜丞相，要求单独谈话。申屠嘉说："使君若谈公事，到丞相府找长史汇报，若谈私事，我拒不接见。"下了逐客令。

袁盎路拜申屠嘉

既如此，袁盎就放开说话，单刀直入了。袁盎问道："君为丞相，比较一下，能与陈平、绛侯相比吗？"申屠嘉说："我比不上。"袁盎说："说得好！你自认不如，还算有自知之明。陈平、绛侯辅佐高皇帝，平定天下，后来又诛除诸吕，安定刘氏，功比天高。您原本是一个弓箭手，追随高皇帝只是一个小队长，积功不过一个淮阳太守。当今皇帝十分谦虚，郎官启奏，没有不接受的，奏议可用就采纳执行，奏议不可用就放在一边，对上奏的人没有不嘉奖的。皇上为什么这样？就是要团结天下的贤士大夫。皇上每天能听到新鲜东西，日益圣明。而你身为丞相，却闭门不出，拒绝听取建言，一天天愚笨。一个一天天聪明的圣君，面对一个一天天愚笨的丞相，这样下去，您的灾祸不远了。"申丞相没想到袁盎来了这么一席话。他想了想，袁盎的这番话还真不错。绛侯就是周勃。周勃是自己的前辈将军，周勃为丞相还十分尊重袁盎，汉文帝也时常称誉袁盎。袁盎做郎官时，就敢当众劝谏文帝。我申屠嘉怎能简慢袁盎呢？再一看，袁盎还跪在地下，礼节甚恭，而话语却不饶人，像刀一样锋利。显然袁盎是带着善意而来，看得起我，跟我交朋友，提醒我的不足，这有什么不好！他赶快跪拜答礼，扶起袁盎，连连道歉说："我申屠嘉是个粗人，有幸得到将军指教。"引进客堂，尊礼袁盎为贵宾。

袁盎的礼敬与善言，不仅给自己挽回了面子，结交了一个耿直的丞相。袁盎的地位得到巩固，申屠嘉得到好参谋。

袁盎晁错列传

盎告归[1]，道逢丞相申屠嘉，下车拜谒，丞相从车上谢袁盎。
袁盎告假回家，在路上遇见丞相申屠嘉，下车拜见丞相，丞相只在车上答礼袁盎。袁盎
袁盎还，愧其吏，乃之丞相舍上谒，求见丞相。丞相良久而见
回京，面对下属感到羞愧，就到丞相府上拜会，求见丞相。丞相过了很久才接见他。袁盎叩拜说：
之。盎因跪曰："愿请闲。"丞相曰："使君所言公事，之曹与
"希望和丞相单独谈谈。"丞相说："您要是说公事，就到丞相府去对长史讲，我将上奏皇上；
长史掾议，吾且奏之；即私邪，吾不受私语。"袁盎即跪说曰：
如果要谈私事，我不接受私人的请托。"袁盎再拜接着说："您为丞相，自己估量与陈平、
"君为丞相，自度孰与陈平、绛侯？"丞相曰："吾不如。"袁盎
绛侯比较怎么样？"丞相说："我比不上。"袁盎说："好，您能自己认识到不如就好。陈平、
曰："善，君即自谓不如。夫陈平、绛侯辅翼高帝，定天下，
绛侯辅佐高帝，平定天下，做了将相，诛除吕氏集团，保存了刘氏天下；您只是一个能拉强
为将相，而诛诸吕，存刘氏；君乃为材官蹶张[2]，迁为队率，积
弓的步卒，升为队长，积累功劳到淮阳太守，并没有出谋划策和攻城野战的大功。况且陛下
功至淮阳守，非有奇计攻城野战之功。且陛下从代来，每朝，
从代王进京即位，每次朝会，郎官拦路呈上奏章，没有不立即停下车来听取意见，意见不可
郎官上书疏，未尝不止辇受其言，言不可用置之，言可受采
采用就放到一边，意见如可采用，没有不表彰的。为什么？想用这办法招纳天下的贤才能人。

---

1 盎：吴相袁盎。告归：从吴国告假归家，回到京师。
2 材官蹶张：能脚踏强弓的武卒。

之，未尝不称善。何也？则欲以致天下贤士大夫。上日闻所
皇上每天都能听到他没听到的消息，明白他不明白的东西，一天天增加智慧聪明；您现在是

不闻，明所不知，日益圣智；君今自闭钳天下之口而日益愚。
自己在封闭天下人的口而一天天迟钝。这样下去，一个日益聪明的圣主面对一个日益迟钝的

夫以圣主责愚相，君受祸不久矣。"丞相乃再拜曰："嘉鄙野人，
丞相，您的大祸就要临头了。"丞相这才拜谢还礼说："我申屠嘉是个粗人，不明事理，幸

乃不知，将军幸教。"引入与坐，为上客。
亏有将军您来指导我。"请进袁盎坐上座，待为贵宾。

袁盎晁错不并坐

这是官场互相倾轧的故事，且发生在一代名臣身上，实在引人深思。

袁盎、晁错两人都是汉文帝、汉景帝时代的大臣，两个君主是贤明的君主，两个大臣都是治世能臣，由于性格不投，政见不合，权力相倾，以至水火不容。二人互不见面，聚会场合，晁错先到，袁盎晚来一步，转身就走；如果袁盎先到，晁错晚来一步，也转身就走。两人从不同坐一堂，从不答语。

景帝即位，晁错为御史大夫，借口袁盎受吴王贿赂，要治罪袁盎。丞相申屠嘉力保袁盎，结果袁盎被免官为平民。

吴、楚反叛，这时丞相申屠嘉已死。晁错抓住机会，想用袁盎包庇吴王的罪名置之死地。晁错的计划受到副手丞史的反对，并透风给袁盎。袁盎害怕了，连夜去见大将军窦婴。窦婴向景帝推荐袁盎为奉常，并说袁盎有紧要消息奏报，景帝传命召见袁盎。袁盎进宫，见晁错在座，奏请晁错回避。晁错离去时恨得咬牙切齿。

袁盎向景帝报告，吴本不造反，是晁错逼的，只要诛了晁错，吴王就会罢兵。原来吴打的旗号是"清君侧"，就是要诛晁错，谁都知道，这不过是吴王的一个借口。袁盎情急，孤注一掷，以身家性命担保，杀了晁错，他去劝说吴王退兵。景帝也是病急乱投医。他把袁盎的话信以为真，不假思索，不治罪名，匆匆忙忙在第二天把上朝的晁错斩杀。

袁盎不待见晁错

　　晁错是中国历史上第一个无罪被杀头，穿着朝衣被行刑的大臣。

　　晁错建言削藩，为国家长远安全而规划。他的父亲认为削藩会遭皇室成员反对太危险，特地从老家赶到京师劝说儿子，晁错不听。他的父亲眼见大祸就要临头，吞药自杀。十天以后，晁错果然出事。

　　晁错冤死，景帝后悔，但并不给晁错平反。因为袁盎是打小报告，杀晁错是景帝下的指令，真相大白以后，景帝有苦难言。

　　晁错为国家谋划，却又起私心，假公报私恨，结果搬起石头砸了自己的脚。

袁盎晁错不并坐

袁盎晁错列传

袁盎者，楚人也[1]，字丝。……及孝文帝即位，盎兄哙任盎为
_{袁盎是楚地人，字丝。……到孝文帝即位时，袁盎的兄长袁哙保荐袁盎做了中郎。}

中郎……调为陇西都尉，仁爱士卒，士卒皆争为死。迁为齐相。
_{后因故调为陇西都尉，袁盎关心士卒，士卒都愿效死命。提升为齐王相。}

盎素不好晁错，晁错所居坐，盎去；盎坐，错亦去。两
_{袁盎一向不喜欢晁错，晁错在一个地方就座，袁盎就离去；盎在一个地方就座，晁错也离去。}

人未尝同堂语。及孝文帝崩，孝景帝即位，晁错为御史大夫，
_{两人从没有同坐一堂说过话。等孝文帝逝世，孝景帝即位，晁错为御史大夫，便派人追查袁盎接受吴王}

使吏案袁盎受吴王财物，抵罪[2]，诏赦以为庶人。
_{财物的情况，按律定罪。皇上下诏令赦免，削除官职为平民。}

吴、楚反，闻，晁错谓丞史曰："夫袁盎多受吴王金钱，
_{吴、楚反叛，消息传到京师，晁错对丞史说："袁盎接受吴王很多金钱，专为他打掩护，}

专为蔽匿，言不反。今果反，欲请治盎宜知计谋。"丞史曰[3]：
_{报告说不反。现在果然反叛，我请求惩办袁盎知情不报的罪。"丞史说："吴、楚未反，惩治袁}

"事未发，治之有绝。今兵西向，治之何益！且袁盎不宜有
_{盎可以中断谋反阴谋。如今叛军已经西进，惩治袁盎没有意义，况且袁盎不会参与谋反。"晁错}

1　楚人：袁盎原为楚人，后徙安陵县。
2　抵罪：犯罪。抵，触犯。
3　丞史：御史府属官。

谋。"晁错犹与未决。 人有告袁盎者，袁盎恐，夜见窦婴，为
犹豫不决。有人把这事转告了袁盎，袁盎害怕了，就连夜去见窦婴，说他知道吴王造反的原因，

言吴所以反者，愿至上前口对状[1]。 窦婴入言上，上乃召袁盎入
希望在皇上面前亲口对质。窦婴进宫报告皇上，皇上宣召袁盎入宫接见。晁错在皇帝面前，袁盎

见。晁错在前，及盎请辟人赐闲[2]，错去，固恨甚。 袁盎具言
请求皇上让左右的人回避单独召见，晁错离开了，十分恨恨不平。袁盎详细陈说吴王造反的情况，

吴所以反状，以错故，独急斩错以谢吴，吴兵乃可罢。 其语
是因为晁错倡言削藩的缘故，只有立即诛杀晁错向吴谢罪，吴军才肯撤退。这些话都记载在《吴

具在吴事中[3]。
王濞列传》中。

  晁错者，颍川人也，学申商刑名于轵张恢先所，与洛阳宋
  晁错是颍川人，在轵县张恢先生那里学习过申不害、商鞅的法家学说，与洛阳宋

孟及刘礼同师，以文学为太常掌故。 错为人陗直刻深。……
孟和刘礼同一个老师，因精通文学为太常掌故。晁错为人正直严厉。……文帝诏令晁错

诏以为太子舍人、门大夫、家令[4]。 以其辩得幸太子，太子家号
先后担任太子舍人、门大夫、太子家令等职。他因口才敏捷得到太子宠信，太子家称他

曰"智囊"。 数上书孝文时，言削诸侯事，及法令可更定者。
为"智囊"。多次上书孝文帝，建言削减诸侯势力，以及许多法令的更改。奏书上了几

书数十上，孝文不听，然奇其材，迁为中大夫。 当是时，太
十次，孝文帝不听从，但器重他的才能，提升为中大夫。当时，太子喜欢晁错的计策，

---

1 口对状：当面质对陈说。即袁盎反说，吴楚之反，乃晁错削地之议逼反的。
2 辟人：屏退左右。辟，读"避"。赐闲：单独召见。
3 吴事：指《吴王濞列传》。吴楚反以"清君侧、诛晁错"为名，为袁盎所利用。
4 太子舍人、门大夫、家令：皆太子府属官。太子，即汉景帝刘启。

袁盎晁错不并坐   161

子善错计策，袁盎诸大功臣多不好错。
袁盎及许多大臣、功臣都不喜欢晁错。

景帝即位，以错为内史[1]……迁为御史大夫[2]。请诸侯之罪过，削其地，收其枝郡[3]。奏上，上令公卿列侯宗室集议，莫敢难，独窦婴争之，由此与错有郤。错所更令三十章，诸侯皆喧哗疾晁错。错父闻之，从颍川来，谓错曰："上初即位，公为政用事，侵削诸侯，别疏人骨肉，人口议多怨公者，何也？"晁错曰："固也。不如此，天子不尊，宗庙不安。"错父曰："刘氏安矣，而晁氏危矣，吾去公归矣！"遂饮药死，曰："吾不忍见祸及吾身。"死十余日，吴、楚七国果反，以诛错为名。及窦婴、袁盎进说，上令晁错衣朝衣斩东市。

景帝即位，任用晁错为内史……不久升任为御史大夫。晁错奏请查处诸侯的过失，削减他们的领地，收回诸侯王国都外的旁郡。奏章送上去，皇上命令公卿、列侯和宗室集会商议，没有人敢责难，只有窦婴和晁错争辩，由此与晁错结下嫌隙。晁错更改的法令有三十多条，诸侯全都哗然，恨透了晁错。晁错父亲听说，从颍川来到京师，对晁错说："皇上初即位，你执掌政权，侵夺削减诸侯，疏远人家骨肉，人们纷纷议论怨恨你，这是何苦呢？"晁错说："本在意料之中。不这样做，天子不尊贵，宗庙不安稳。"晁错父亲说："刘氏安稳了，晁氏却危险了，我得远远地离开你永别了。"就服毒自杀，说："我不忍心看到祸患连累到我。"晁错父亲死后才十几天，吴、楚七国果然反叛，就是打着诛讨晁错的名义。等到窦婴、袁盎进说，景帝让晁错穿着上朝的礼服，在东市斩首。

晁错已死，谒者仆射邓公为校尉，击吴、楚军为将。还，
晁错死后，谒者仆射邓公任职校尉，是攻打吴、楚叛军的将军之一。他回京，上

1　内史：即京兆尹，京师行政长官。
2　御史大夫：副丞相，监察百官。
3　枝郡：诸侯国王都之外的边郡。

上书言军事，谒见上。上问曰："道军所来[1]，闻晁错死，吴、楚
书陈说前线战况，觐见皇上。皇上问："你从前线回来，听到晁错死后，吴、楚退兵没

罢不[2]？"邓公曰："吴王为反数十年矣，发怒削地，以诛错为
有？"邓公说："吴王谋反几十年了，因为封地被削而发怒，用诛晁错为借口，他的本

名，其意非在错也。且臣恐天下之士噤口[3]，不敢复言也！"上
意并不在晁错。我担心天下的士人都闭口不说话了。"皇上说："为什么呢？"邓公说：

曰："何哉？"邓公曰："夫晁错患诸侯强大不可制，故请削地以
"晁错忧虑诸侯强大不可控制，所以请求削减封地以加重朝廷权威，这是万代的利益。

尊京师，万世之利也。计画始行，卒受大戮，内杜忠臣之口，
计划刚刚施行，竟然遭到杀头，对内杜塞了忠臣的言路，对外替诸侯报了仇，我私下认

外为诸侯报仇，臣窃为陛下不取也。"于是景帝默然良久，曰：
为，陛下这事做得不妥。"这时景帝沉默了很久，说："你说得好，我也悔恨这件事。"

"公言善，吾亦恨之[4]。"乃拜邓公为城阳中尉。
就任命邓公为城阳中尉。

---

1 道：由，经。
2 罢不（fǒu）：罢军否。
3 噤口：闭口。
4 恨：悔恨。

清·冷枚《人物图》

趋炎故事

四则

富贵多士贫贱寡友

战国中期，齐国孟尝君首开大规模养士之风，极盛时有门客三千。孟尝君待客，有三个突出的特点，第一，凡有一技之长的人，来者不拒，鸡鸣狗盗之徒也收纳，这些人后来还真派上了用场。第二，他与客同吃一锅饭，这一点实在是了不起的，表明他尊重食客。第三，客人有需求，孟尝君尽力满足。冯骥是一个很有才干的平民，他想考验孟尝君，打扮得极为破烂，到孟尝君门下做食客。问他有何才能，他说什么都不会，就让他做了一个普通食客，他不满意，一再需索，直到当了上等食客才安静了。冯骥白白吃了一年饭，他不显山，不露水，孟尝君也不派他做事，他整日里无所事事。孟尝君派他去收债，冯骥烧了债券，替孟尝君买了情义，这只不过是冯骥替孟尝君建筑的一个安乐窝。狡兔有三窟，这个故事讲冯骥替孟尝君更建新窟，使之重于秦，复官于齐的故事。冯骥人生态度豁达，他认为"富贵多士，贫贱寡友"是世态之常，实际是教导人们，做了好事不要盼着回报。其实冯骥比孟尝君待客礼贤，品德还要高贵。

话说孟尝君声望日隆，秦昭王非常担心齐国强大，对秦国不利。他便派人到齐国去散布谣言，说孟尝君收买民心，眼看就要当上齐王了。齐湣王听信这些话，认为孟尝君名声太大，威胁他的地位，于是免除了孟尝君相国的职务。三千多门客见他失了势，纷纷散去，只有冯骥跟着他，替他驾车回薛城。离薛城还有十几里，薛城的老百姓就扶老携幼前来迎接。

冯谖替孟尝君收买人心

　　孟尝君见到这番情景,十分感触,对冯谖说:"你为我买的'情义',我今天总算见到了。"冯谖说:"狡兔有三窟,今君有一窟,请替你再建两窟。允许我到秦国走一趟,保证你被重用,官复原职,而且得到封邑更广。"孟尝君相信冯谖的话,为他套好车,备上礼物。

　　冯谖对秦王说:"当今秦、齐两国,势不两立,雄者得天下。"秦王问冯谖:"秦国怎样才能称雄呢?"冯谖说:"大王知道齐国罢免了孟尝君吗?"秦王回答:"听说了。"冯谖说:"使齐国强大的正是孟尝君,现在齐王罢免了他的相位,他想必怨恨齐王,如果大王能够使孟尝君背齐入秦,则齐国的情况都告诉秦国,秦国可战胜齐国,这样就可以称雄了。大王赶快暗中派使者带上礼物去接孟尝君，机不可失哟！如果齐王觉悟，重新起用孟尝君，则秦、齐谁称雄就很难说了。"

秦王听罢大喜，赶紧派使者携带黄金千两，马车一百辆，前往齐国去聘请孟尝君来秦国。

冯骥赶在秦使之前回到齐国，他对齐王说："秦、齐两国势不两立，秦强则齐弱，此势不两雄。今天我听说秦国派使者携带黄金千两，马车百辆来迎接孟尝君。孟尝君如果到秦国当了相国，凭他的声望和才干，必定使秦国强大，秦强则齐弱。大王为何不在秦国使者到来之前，重新起用孟尝君，多给些封邑以安抚他呢？孟尝君必定乐于接受。秦虽是强国，但岂能把别国的相国请走？这样，就可以打败秦国称霸的计划。"

齐王听了这番话，十分焦急。他赶紧派一位大臣，带了黄金千斤，绘有文彩的四驾马车两辆、佩剑一把，以及封好的书信，到薛城去向孟尝君道歉，并恢复孟尝君的相国职务。同时，齐王派大臣到边境等候秦国使者，秦国使者的车刚入齐境，就告诉他们，齐王已恢复孟尝君相国的职务，归还他的封邑，又增加了一千户。秦国使者听说孟尝君又做了齐国的相国，调转马头回秦国去了。

当孟尝君又来到都城上任时，冯骥前来迎接他。孟尝君见到冯骥，感慨地说："我非常好客，对宾客不敢怠慢，有食客三千多人。宾客见我一旦失势，都背我而去。今天，全靠先生使我能官复原职，众宾客还有什么面目来见我呢？如果再见到他们，我一定要当面羞辱他们一番。"冯骥听罢立即下拜，孟尝君赶紧下车扶起冯骥，问："先生是替宾客谢罪吗？"冯骥说："我并不是替宾客谢罪，而是认为您言语有失，凡事都有其固有的规律，您知道吗？"孟尝君说："这确实不知，请先生指点。"冯骥说："生必有死，富贵多士，贫贱寡友，这都是事物的必然规律。你难道没有见过早晨赶集的场面吗？人们争先恐后地往里挤，好不热闹；而散市之后，市场上冷冷清清的。今天您被免职，宾客皆散，不要埋怨他们，而断宾客之路。愿您待客如故。"

孟尝君当了几十年的相国，没有遇到什么祸害，这主要是采纳了门客冯骧的计谋的缘故。

孟尝君列传

孟尝君在薛,招致诸侯宾客及亡人有罪者,皆归孟尝
<small>孟尝君在薛邑招纳了许多来自诸侯各国的宾客以及逃亡罪犯。孟尝君拿出全部家产来丰厚地安</small>
君。孟尝君舍业厚遇之[1],以故倾天下之士。食客数千人,
<small>排这些人,因此天下的人才都跑来归附他。在他家吃饭的人经常有好几千人,孟尝君田文不分贵贱,</small>
无贵贱一与文等。孟尝君待客坐语,而屏风后常有侍史[2],
<small>一律平等对待,以身作则。孟尝君在接待客人谈话的时候,屏风后面安排了记录人员,负责记下谈话</small>
主记君所与客语,问亲戚居处。客去,孟尝君已使使存
<small>内容,以及客人的亲眷有何人,住何处。因而每当客人刚刚离开,孟尝君就已经派人到客人家里去慰问,</small>
问,献遗其亲戚。孟尝君曾待客夜食[3],有一人蔽火光,客
<small>送去东西。有一次,孟尝君在夜间招待客人吃饭,其中有一个人挡住了光亮,在暗处吃饭的那个客人</small>
怒,以饭不等,辍食辞去。孟尝君起,自持其饭比之。客
<small>生气了,他怀疑大家吃的饭不一样,于是推碗而去。孟尝君立刻站起来,端着自己的饭碗走到客人跟前,</small>
惭,自刭。士以此多归孟尝君。
<small>放在一起比较,吃的是一样的饭。这个客人非常惭愧,立刻自杀了。从此投归孟尝君的士人越来越多。</small>

齐王惑于秦、楚之毁,以为孟尝君名高其主而擅齐
<small>后来齐王听信了秦国和楚国的挑拨,认为孟尝君名声比自己还大,而且又独揽着齐国的大权,</small>

---

1. 舍业:舍弃家产,即耗尽家产。
2. 侍史:书记员。
3. 待客:陪客人吃饭。

国之权，遂废孟尝君。诸客见孟尝君废，皆去。冯谖
于是就罢掉了孟尝君的职务和没收了孟尝君的封地。孟尝君门下那些宾客们一见孟尝君被废，很快
曰："借臣车一乘，可以入秦者，必令君重于国而奉邑益
都纷纷离他而去。这时冯谖对孟尝君说："您给我一辆车子，让我到秦国去，我一定想法让您重新
广，可乎？"孟尝君乃约车币而遣之[1]。冯谖乃西说秦王
受到齐国的重视并且还能让您的封地有所加多，您看好不好？"孟尝君一听，立即给他套好了车子，
曰："天下之游士冯轼结靷西入秦者[2]，无不欲强秦而弱齐；
让他带上了礼物，出发了。冯谖到了秦国对秦王说："所有说客凡是急急忙忙坐着车子赶到秦国来的，
冯轼结靷东入齐者，无不欲强齐而弱秦。此雄雌之国也，
没有一个不是想叫秦国强大而使齐国削弱；凡是急急忙忙坐着车子跑到齐国去的，没有一个不是想
势不两立为雄，雄者得天下矣。"秦王跽而问之曰[3]："何以
让齐国强大而使秦国削弱。秦国和齐国是两个不分雌雄，不能并立的国家，谁要是称了雄，谁就可
使秦无为雌而可？"冯谖曰："王亦知齐之废孟尝君乎？"
以拥有天下。"秦王一听，立即抬起身来问道："您有什么办法使秦国能够成为雄而不成为雌呢？"
秦王曰："闻之。"冯谖曰："使齐重于天下者，孟尝君也。
冯谖说："大王听说齐国罢免孟尝君的事了吧？"秦王说："已经听说了。"冯谖说："能使齐国
今齐王以毁废之，其心怨，必背齐；背齐入秦，则齐国之
受到各国尊重的，关键是有孟尝君。可是现在齐王听信挑拨，把孟尝君罢免了，孟尝君心里不高兴，
情，人事之诚，尽委之秦，齐地可得也，岂直为雄也！君
一定想离开齐国；如果他能离开齐国到秦国来，那么齐国的国家形势、人际关系也就跟着一齐带到

---

1 约：整理行装。

2 冯轼结靷：驾车奔驰。轼，车前横木。冯（píng）轼，倚于车轼，即驾车。靷（yǐn），驾车服马当胸之革。

3 跽：长跪的姿势。古人席地而坐，抬起身即成跽的姿势。这里形容秦王听得入神。

急使使载币阴迎孟尝君[1]，不可失时也。如有齐觉悟，复用
秦国来了，到那时连各国的土地都可以夺过来，岂止是称雄呢？您应该赶快派人拉着聘礼悄悄地接他，
孟尝君，则雌雄之所在未可知也。"秦王大悦，乃遣车十
不要错过这个大好时机。否则齐王一觉悟，一恢复孟尝君的原职，那么今后谁雌谁雄就又没办法预
乘黄金百镒以迎孟尝君。冯骧辞以先行、至齐，说齐王
料了。"秦王一听很高兴，立刻派出了十辆车子带着黄金百镒去迎接孟尝君。冯骧向秦王请求自己
曰："天下之游士冯轵结靷东入齐者，无不欲强齐而弱秦
先走一步。他赶紧回到齐国，对齐王说："所有说客坐着车子跑到齐国来的，没有一个不想叫齐国
者；冯轵结靷西入秦者，无不欲强秦而弱齐者。夫秦齐
强大而叫秦国削弱。秦国和齐国是两个难分雌雄的国家，如果秦国一强大，那齐国就肯定要衰弱，
雌雄之国，秦强则齐弱矣，此势不两雄。今臣窃闻秦遣
这是不可能并立称雄的。现在我听说秦国已经派了十辆车子载着黄金百镒来迎接孟尝君了。孟尝君不
使车十乘载黄金百镒以迎孟尝君。孟尝君不西则已，西
去秦国则已，如果他一去秦国，就肯定会当秦国的宰相，天下各国也就会都去归附秦国，到那时，
入相秦则天下归之，秦为雄而齐为雌，雌则临淄、即墨危
秦国就称了雄，而我们也就降成了雌，一旦我们成了雌，那临淄、即墨就危险了。您为什么还不趁
矣。王何不先秦使之未到，复孟尝君，而益与之邑以谢
着秦国的使者未到，赶紧把孟尝君官复原职，再多封给他一些领地，向他表示歉意呢？您如果这么
之？孟尝君必喜而受之。秦虽强国，岂可以请人相而迎
一做，孟尝君肯定就高兴地接受的。秦国即使强大，难道他还能把人家的宰相请了去吗？只有这
之哉？折秦之谋，而绝其霸强之略。"齐王曰："善。"乃
样才能挫败秦国的阴谋，打掉它称霸天下的计划。"齐王说："好。"于是就派人到西部边境上去

---

1 载币：带上礼品。

使人至境候秦使。秦使车适入齐境，使还驰告之，王召
探听是不是真有秦国的使者到来。结果正碰上秦国的使者刚刚入境，齐国使者赶紧跑回临淄向齐王
孟尝君而复其相位，而与其故邑之地，又益以千户。秦
报告，齐王赶紧请回了孟尝君，给他恢复了宰相的职务，而且在除了还给他旧有的封地以外，还又
之使者闻孟尝君复相齐，还车而去矣。
多给他增加了一千户。秦国的使者听说孟尝君又官复了原职，只好掉转车头回去了。

自齐王毁废孟尝君，诸客皆去。后召而复之，冯
自从齐王听信挑拨废掉了孟尝君的时候开始，孟尝君原有的那些门客就全都一哄而走了。等
骥迎之。未到，孟尝君太息叹曰："文常好客，遇
到齐王又下令请孟尝君回来时，这时只有冯骥一个去接他。当他们快要回到齐国京城的时候，孟尝君
客无所敢失，食客三千有余人，先生所知也。客见
深有感慨地说："我平生一贯好客，我在对客人上从来不敢有什么失礼，我门下的食客最多的时候可
文一日废，皆背文而去，莫顾文者。今赖先生得复
以达到三千人，这是你所知道的。可他们一旦看到我被废，就立刻全都抛弃我而走了，没有一个来关
其位，客亦有何面目复见文乎？如复见文者，必唾
心我。现在我完全是靠着你才得以官复原职，他们那些人还有什么脸而来见我呢？如果他们谁要再来
其面而大辱之。"冯骥结辔下拜[1]。孟尝君下车接之[2]，
找我，我一定要向他们的脸上吐口水，好好地羞他们一下。"冯骥一听，立即盘好缰绳，下车来给孟
曰："先生为客谢乎[3]？"冯骥曰："非为客谢也，为
尝君磕了一个头。孟尝君赶紧下车拦住，说："你是为那些家伙们求情吗？"冯骥说："不是，是因

---

1 结辔下拜：结好马缰，下车敬礼。

2 下车接之：下车答礼。

3 为客谢：替客人道歉。

君之言失。夫物有必至，事有固然，君知之乎？"孟
为你刚才的话说错了，世界上的万事万物为什么会成为这样，都有它一定的道理，您明白它的意思

尝君曰："愚不知所谓也。"曰："生者必有死，物之
吗？"孟尝君说："我不知道你说的是什么意思。"冯驩说："凡是有生命的东西最后都得死掉，就

必至也[1]；富贵多士，贫贱寡友，事之固然也。君独
是必然的。一个人，富贵的时候朋友多，贫贱时候朋友少，这也是一定的。您没见过那些赶集的人吗？

不见夫趣市朝者乎[2]？明旦，侧肩争门而入；日暮之
早晨天刚亮时，大家都侧着膀子往门里挤；等到日落天黑，在市场门口路过的人们甩着膀子走过去连

后，过市朝者掉臂而不顾[3]。非好朝而恶暮，所期物忘
头都不回。这并不是因为他们喜欢早晨而讨厌傍晚，而是因为他们想买的东西那时已经没有了。由此

其中[4]。今君失位，宾客皆去，不足以怨士而徒绝宾客
可见，在您失掉了宰相职位的时候，宾客们都一哄而去，那是很自然的，没有必要怨恨他们，否则会

之路。愿君遇客如故。"孟尝君再拜曰："敬从命矣。
白白地得罪一些人。希望您还像过去一样地对待他们。"孟尝君听罢，遂向冯驩致谢说："愿意遵命。

闻先生之言，敢不奉教焉！"
听了您的这番话，我还怎敢不照办呢！"

---

1 必至：必然经历的。
2 趣市朝：赶集市。
3 掉臂：挥手打招呼。
4 所期物忘其中：市场中没有了要买的商品。所期物，即商品。忘，同"无"。中，市场。忘其中，指市场空空。

叔孙通背言悦主

叔孙通，秦朝薛县（今山东省滕州市南）人。叔孙通精通儒学，但不墨守成规，在汉王朝初创过程中立下不朽的功勋。他制礼作乐，替西汉中央集权创建一整套的制度。

叔孙通也有很大的缺点。他随风转舵，阿谀奉承，明哲保身，被正统的儒生学者看不起，骂他是小人。叔孙通自有他的一套活命哲学，他认为生活在昏暴之朝，立于乱世之秋，没有多少道理可讲。时势本身就是黑白混淆，是非颠倒，还是留得青山在为好。这似乎也有几分道理。下面就是他背言悦主的故事。

叔孙通是秦朝的待诏博士，几年过去了，也没有升迁。这时已爆发陈胜起义，山东大乱。秦二世召问博士，让他们讨论时局。秦二世说："楚地戍卒攻下蕲县，打进陈县，建立了张楚，诸侯对此有何看法，如何对付。"博士儒生共三十多人，事先都统一了看法，他们说："做臣子的不能聚众，聚众就是造反，造反罪在不赦，希望陛下立即发兵征讨。"秦二世一听，变了脸色，只是一刹那，又恢复了正常。叔孙通早已看在眼里，恰好该轮到他陈述政见。叔孙通从容不迫走上前，态度严肃，一本正经，声音洪亮，抑扬顿挫，滔滔不绝地发表演说。叔孙通一边说，一边偷看秦二世表情，二世脸色越是开朗，叔孙通就越说越有劲。叔孙通说："陛下，刚才诸生所言都不对。现今天下一统，郡县城池拆除，兵器销毁，表示没有战争。更何况明天子在上，人人遵法守纪，四方平安，哪有敢造反的人。东方几个强人，只不过是狗窃鼠偷，不足挂齿。地方郡守足可捕讨，不值得忧虑。"秦二世高兴地说："好，好啊！"

秦二世又问诸生，有的说是造反，有的说是强盗。于是秦二世作出裁决，命令御史按名单惩治，凡说造反的人，简直是攻击圣朝，统统下狱，凡说是强盗的人，一概罢官。对叔孙通大加赏赐，帛二十匹，官服一套，立即升为正式博士。退朝后，回到宿舍，没上朝的诸生都骂叔孙通说："叔孙先生太不讲义气，背叛誓言，尽说昏话，讨好皇上，简直肉麻。"叔

叔孙通随波逐流被赏赐

孙通说:"诸位有所不知,我差点脱不了虎口,讲真话的人都坐牢了。这个博士官我也不要了。"叔孙通已看到秦朝要灭亡了,连夜打点行李逃出京师,回到老家薛县。这时项梁、项羽已率领楚军到达薛县。叔孙通就投到楚军中。

楚汉战争中,叔孙通又投了汉王刘邦。刘邦不喜欢儒生,叔孙通就脱了儒服,改穿楚地人喜欢的短服,汉王果然高兴。

叔孙通就是这样,善于随波逐流。

刘敬叔孙通列传

叔孙通者，薛人也。秦时以文学征，待诏博士。数岁，
_{叔孙通，是薛县人。在秦朝时因精通经术被征召为待诏博士。几年后，陈胜在山东起}

陈胜起山东，使者以闻，二世召博士诸儒生问曰："楚戍卒攻
_{兵，使者报告朝廷。秦二世召集博士及儒生询问意见，说："楚地戍边的士兵造反，攻下蕲县，}

蕲入陈，于公如何？"博士诸生三十余人前曰："人臣无将，
_{进入了陈县，你们说该怎么办？"博士及儒生三十多人向前回答说："做臣子的不能聚众，}

将即反，罪死无赦[1]。愿陛下急发兵击之。"二世怒，作色[2]。
_{聚众就是反叛，罪在不赦，希望陛下赶快发兵征讨。"秦二世发怒，变了脸色。这时叔孙通}

叔孙通前曰："诸生言皆非也。夫天下合为一家，毁郡县城，
_{走上前去，说："各位儒生的话都不对。当今天下一统，毁掉郡县城池，销熔了各种兵器，}

铄其兵[3]，示天下不复用。且明主在其上，法令具于下，使人
_{向天下人宣示不再使用它。况且上有英明的君主，下有完备的法律，派出去的官吏人人尽职，}

人奉职，四方辐辏，安敢有反者！此特群盗鼠窃狗盗耳，何
_{四面八方像车辐条聚于中心一样向着朝廷，哪有敢造反的人！这只不过是一群鼠窃狗偷的强}

足置之齿牙间。郡守尉今捕论，何足忧。"二世喜曰："善。"
_{盗罢了，何足挂齿！有郡守、郡尉正在捕捉，不值得忧虑。"秦二世高兴地说："说得好。"}

---

1 将：指自为将，拥有私众。陈胜拥众造反，罪在不赦。

2 作色：变了脸色。秦二世不许人说造反，要粉饰天下太平。

3 铄其兵：指秦始皇销毁了天下兵器。

尽问诸生，诸生或言反，或言盗。于是二世令御史案诸生言
然后又挨个问那些儒生，有的说是造反，有的说是强盗。于是秦二世让御史把那些说"造反"
反者下吏，非所宜言。诸言盗者皆罢之。乃赐叔孙通帛二十
的儒生都抓起来，交给狱吏办罪，他们说了不合时宜的话。那些说是"强盗"的儒生则一律放回。
匹，衣一袭，拜为博士。叔孙通已出宫，反舍[1]，诸生曰："先
只有叔孙通得了赏赐，帛二十四，衣一套，还当场任命为博士。叔孙通出了宫门，回到学馆，
生何言之谀也？"通曰："公不知也，我几不脱于虎口！"乃
各位儒生责备他说："先生怎么睁着眼睛说瞎话，拍马屁啊？"叔孙通说："你们不懂，我
亡去，之薛，薛已降楚矣。及项梁之薛，叔孙通从之。败于
差点脱不了虎口！"于是逃离都城，前往薛县，薛县已投降楚军。等到项梁到达薛郡，叔孙
定陶，从怀王。怀王为义帝，徙长沙，叔孙通留事项王。汉
通就随从了他。项梁兵败定陶，叔孙通跟随了楚怀王。楚怀王为义帝，迁往长沙，叔孙通留
二年，汉王从五诸侯入彭城[2]，叔孙通降汉王。汉王败而西，
下来事奉项王。汉二年（前205年），汉王率领各路诸侯攻入彭城，叔孙通投降了汉王。汉
因竟从汉。
王兵败西撤，叔孙通始终随从汉王。

叔孙通儒服，汉王憎之；乃变其服，服短衣，楚制，汉
叔孙通穿儒生衣服，汉王很厌恶；于是换了衣服，穿一身楚人习惯的短衣，汉王
王喜。
很高兴。

1 反舍：回到学馆。
2 从五诸侯：率领五诸侯。此指率领天下之兵。关东六国，去楚而为五。

翟公署门叹炎凉

汲黯、郑庄两人都是汉武帝时的名臣,敢犯龙颜直谏,清廉正直,更兼礼贤下士,扬人之善,受到满朝文武的尊敬,天下闻名。

汲黯最刚直,他从不趋炎附势,看不惯的事当面直说,一点不讲情面。外戚田蚡为丞相,卫青为大将军。朝中二千石高官见了两人都行跪拜大礼,而汲黯只拱手作揖,以平礼相见。汉武帝经常召文学儒士进殿策问,要效法唐虞之治(即尧舜之治)。汲黯快人快语,面对汉武帝说:"陛下内多欲而外施仁义,奈何欲效唐虞之治乎!"气得汉武帝拂袖而去。群臣们都替汲黯捏了一把汗,关系好的就责备他太冲动。汲黯说:"天子设置文武百官,就是要辅弼左右,我怎么能当面奉承,陷天子于不义呢?我既然在其位,难道为了个人安全而白拿俸禄吗?"汉武帝对左右的人说:"汲黯这人太老实,简直有些呆笨。"

汲黯爱民。有一次河郡失火,烧了一千多家,汲黯时为谒者小官,奉武帝之命去调查。汲黯到了河内,发现当地大旱,接着大水,有一万多家灾民,颗粒不收,甚至父子相食。汲黯以钦差大臣的身份命令地方打开粮仓救灾。他回朝报告说:"河内郡大火,是一家失火引发的,此事不足忧。河内大灾才是大事,我已经便宜处置,请陛下惩治我假传圣旨的罪。"汉武帝认为汲黯处理得对,免于治罪。

郑庄是汲黯的好朋友,为人正直,比汲黯随和。郑庄喜欢读书人,礼贤下士有长者之风。他经常告诫府上看门人:"凡有客来,无论贵贱都马上通报,不能让人久等。"凡有求于郑庄的,他总是慷慨解囊。郑庄喜欢推荐贤士,扬人之长,不揭人之短,人缘很好。当时有民谚说:"郑庄行,千里不赍粮。"他走到哪里,总有人招待他吃饭。

汲黯字长孺,郑庄字当时。汲黯官至主爵都尉,右内史;郑庄官至右内史,大农令,这都是位列九卿的高官。由于两人过于耿直,不逢迎皇上,仕途坎坷,几起几落,最后都被汉武帝贬到地方做太守。汲黯死在淮阳太守位上,郑庄死在汝南太守位上。

汲黯、郑庄两人交好,命运相同。他们位列九卿时,巴结的人,慕名的人,求助的人,络绎不绝,门庭若市。当他们失势的时候,宾客散尽,门庭冷落,真有人生如梦,不堪回首之感。汲黯、郑庄他们都在失

翟公写诗讽刺世道

意、抑郁之中死去。由于他们生前的名声和政绩，子孙受到朝廷的重用，两人地下有知，也可欣慰。

像汲黯、郑庄这样的贤德之人，也倍感世态炎凉，一般的人就更不用说了。与汲、郑两人同时有一个名叫翟公的人，他为廷尉时，也是宾客盈门，被罢官时，没人登门，后来官复原职，宾客又纷纷归来。翟公生气，就在大门上写了一首打油诗，讽刺世道。原文六句，今补二语，以成八句，曰：

一死一生，乃知交情。
一贫一富，乃知交态。
一贵一贱，交情乃见。
此种世象，古今同然。

汲郑列传

郑庄、汲黯始列为九卿,廉,内行修洁。此两人中废,
_{郑庄、汲黯两人都官至九卿,为政廉洁,注重自身修养。他们中途被罢官,又家境贫寒,宾客一}
家贫,宾客益落。及居郡,卒后家无余资财。庄兄弟子孙以
_{天天走散。后来又都做了郡太守,死时家中没有留下多余的财产。郑庄兄弟子孙,因为郑庄的名声,却}
庄故,至二千石六七人焉。
_{有六七个人做官到了二千石。}

太史公曰[1]:夫以汲、郑之贤,有势则宾客十倍,无势则
_{太史公说:以汲黯、郑当时那样有贤德,尚且有权势时宾客十倍,无权势时没人}
否,况众人乎!下邽翟公有言[2],始翟公为廷尉,宾客阗门[3];及
_{登门,何况一般的人呢!下邽翟公讲过他的经历。他做了廷尉,宾客盈门;等到丢了官,}
废,门外可设雀罗[4]。翟公复为廷尉,宾客欲往,翟公乃大署其
_{门外可张网捕鸟。后来翟公复职,宾客们又想去登门,翟公就用大字在门上贴了一张告}
门曰[5]:"一死一生,乃知交情。一贫一富,乃知交态。一贵一
_{示,说:"一死一生,乃知交情。一贫一富,乃知交态。一贵一贱,交情乃见。"汲黯、}
贱,交情乃见。"汲、郑亦云,悲夫!
_{郑当时也正像翟公一样,真是可叹!}

---

1 太史公曰:即作者评论。太史公,作者司马迁自称。
2 下邽:县名,故城在今陕西省渭南市东北五十里。
3 阗:充塞。
4 罗:捕鸟之网。
5 署:书写,布告。

卫青（明内府本《御制外戚事鉴》）

门下多去事骠骑

卫青、霍去病，两人为甥舅，霍去病是卫青姐姐的儿子，又因卫青二姐卫子夫为武帝皇后，两人为外戚。卫、霍为武帝时名将，卫青为大将军，霍去病为骠骑将军，封列侯，隆贵无比。趋炎附势之徒，争相出入其门。卫青先贵，霍去病后来居上，贵盛超过大将军。元狩四年（前119年），两将军大出击匈奴还，骠骑将军益封，大将军不得益封，大将军门客多去投奔骠骑将军。汉武帝镇压游侠，诛杀外戚魏其侯窦婴，因游侠结朋党，魏其侯招纳贤士，均犯武帝之忌。卫、霍两人不修名节，不招贤士，对皇上和柔自媚，受到时人的批评。由此，卫、霍两府，门客多无名之辈。一次武帝下旨，在大将军门客中选郎官，赵禹奉命前往，只挑出了任安、田仁两人。卫将军门下多去事骠骑，只有任安、田仁不肯。

卫将军骠骑列传

大将军、骠骑将军皆为大司马。定令，令骠骑将军秩禄
大将军和骠骑将军都加官为大司马。又定下律令，让骠骑将军的俸禄等级与大将军同。从此以后，
与大将军等。自是之后，大将军青日退，而骠骑日益贵。举
大将军卫青被皇上疏远，一天不如一天，而骠骑将军一天比一天隆贵。大将军的故人门客大半都投靠骠
大将军故人门下多去事骠骑，辄得官爵，唯任安不肯。
骑将军，因为可以得到举荐，每每获得官职，唯有任安不肯背离大将军。

卫青失势，任安不离不弃

太史公曰：苏建语余曰[1]："吾尝责大将军至尊重[2]，而天下
<small>太史公说：苏建对我说："我曾经责问大将军，您是当今朝廷上最尊贵的人，但天</small>
之贤大夫毋称焉，愿将军观古名将所招选择贤者，勉之哉。
<small>下的贤士大夫却不称颂您，望将军看看古代名将是怎样招选贤士的，应努力效法啊。大将</small>
大将军谢曰：'自魏其、武安之厚宾客，天子常切齿。彼亲
<small>军回绝说：'自从魏其侯、武安侯两人厚招宾客以来，皇上常切齿痛恨。使士大夫亲附，招</small>
附士大夫，招贤绌不肖者，人主之柄也。人臣奉法遵职而
<small>致贤才，黜退不贤之士，那是皇上的权柄。作为人臣守法循职就可以了，为什么要参与招</small>
已，何与招士[3]！'"骠骑亦放此意[4]，其为将如此。
<small>致人才的事呢？'"骠骑将军也如此效法，这两人做将军的诀窍是这样。</small>

---

1 苏建：杜陵人，以校尉从卫青击匈奴有功，封平陵侯。
2 责：责问，指出。
3 招士：招纳贤士。
4 放：读"仿"，效法。

比干被纣王处死（明内府彩绘本《春秋五霸七雄通俗演义列国志传》插图）

昏暴故事 七则

酒池肉林纣无道

本篇讲殷纣王的亡国故事。

殷纣王是商王帝乙之子,名受辛,字受德,史称帝辛,天下的人都称他为纣王。按《谥法》的解释,"残义损善曰纣",即纣不义又不善。纣王本非帝乙的长子,他有一个同母兄叫微子启。据《吕氏春秋》的记载,启母生他时还不是正妃,所以启为庶子。后启母立为正妃而生辛,因此辛为启之弟,反而为嫡子,按宗法立嫡不立庶的规定,辛继承王位为纣王,启封于微,称微子启。

殷纣与微子启,是不是同母兄弟,《史记·殷本纪》没有明确记载,只是说:"帝乙长子曰微子启,启母贱,不得嗣。少子辛,辛母正后,辛为嗣。"字里行间,帝纣与微子启不同母,则帝纣是以少夺嫡,帝乙昏聩,宠爱少妃,以少凌长。如果是这种情况,商朝末年,政治早已昏暗,家法不立。启仁爱不得立,是非颠倒,亡国之主,多半如此。乱国法,先从乱家法开始。

帝纣多才多艺,文武双全。他能徒手与猛兽搏斗,其勇力普通人望尘莫及。他善于诡辩,能够把黑说成白,把圆说成方,把自己的错误掩饰得天衣无缝。纣自认是天的儿子,任何人拿他没办法,他比所有的人都能干,听不进别人的劝谏。王子比干劝谏纣王,纣王剖了他的心,看是不是红心。纣王亲小人远贤臣。他任用费仲主持政务,费仲阿谀迎逢,贪小利，国人都不喜欢他。还有一个叫恶来，喜欢打小报告，毁谤别人，也得到纣王信用。于是纣王与大臣、诸侯之间的关系越来越疏远，被一群小人包围了。

纣王好色，喜欢奇玩，花样翻新，荒淫无匹。他在宫中建了酒池，里面盛满美酒。酒池边立木悬挂烧烤，好像树木，称为肉林。纣王让许多男人和女人，赤裸身体在酒池、肉林中玩乐嬉戏，纣王与妲己观赏取乐。

妲己是纣王的爱妃。妲己喜欢听靡靡之音，观赏男女嬉乐场面，引导纣王纵情无度。妲己喜欢酷刑，纣王发明了取乐的炮烙之刑。这种酷刑就是在炭火糟上架铜柱，铜柱上涂满油脂，让罪人在又滑又烫的铜柱上横行，就像走独木桥一样。走上铜柱的人一个一个都坠落在炭火中被活活烧

纣王身边的乐师跑路

死。焦糊的人肉味，伴着嘶天裂肺的哭叫声，使人惊心动魄，耳不忍闻，目不忍睹，而纣王和妲己却大笑为乐。

纣王日益荒淫，众叛亲离，微子启数谏不听，离纣而去。纣王的叔叔箕子为了避祸，装成疯子，还是被抓起来，投入了监狱。最后纣王身边的乐师太师疵、少师强都抱着乐器跑了，两人投了周武王。周武王说，讨伐纣王，伸张天道，时候到了。牧野一战，纣兵倒戈，纣王自焚而死。商朝亡了，周朝建立。周武王妥善地安排了商朝遗民。

▲ 清人绘《帝鉴图说·酒池肉林》

▲ 清人绘《帝鉴图说·妲己害政》

殷本纪·帝辛

帝乙长子曰微子启[1],启母贱,不得嗣。少子辛,辛母正
_{帝乙的长子叫微子启,启的母亲地位卑贱,因而不得继承王位。小儿子叫辛,辛的}
后,辛为嗣。帝乙崩,子辛立,是为帝辛,天下谓之纣。
_{母亲是正宫王后,辛得以继承王位。帝乙驾崩,儿子辛继位,这就是帝辛,天下称他为"纣"。}
帝纣资辨捷疾[2],闻见甚敏;材力过人[3],手格猛兽;知足
_{帝纣天资聪明,行动敏捷,见多识广,力气超人,赤手可格杀猛兽。他的聪明}
以距谏,言足以饰非;矜人臣以能,高天下以声,以为皆出
_{足够用来拒绝臣下的劝谏,言辞足够用来掩饰他的过错;向下臣炫耀他的才能,向天}
己之下。好酒淫乐,嬖于妇人;爱妲己[4],妲己之言是从。于
_{下抬高自己的声威,以为别人都不如他。喜欢饮酒,沉迷色乐,宠幸女人;喜爱妲己,}
是使师涓作新淫声[5],北里之舞,靡靡之乐[6]。厚赋税以实鹿台
_{妲己的话都听从。这时计师涓制作了新的淫荡之曲,北里的舞蹈,配上靡靡之音。加}

---

1. 微子启:微,国号;子,爵位;启,人名,即纣兄。启母生启时身份未正,生纣时才为纪,故启长而庶,纣小而嫡。
2. 辨:通"辩",聪慧。
3. 材力:气力。
4. 妲(dá)己:有苏氏献给纣的美女。
5. 师涓:应作"师延",纣时乐师。师涓为晋平公时乐师。
6. 北里之舞:一种放荡的舞蹈。靡靡之乐:轻音乐。

之钱，而盈钜桥之粟[1]。 益收狗马奇物，充仞官室。 益广沙丘
重赋税，使鹿台充满了钱财，使钜桥装满了粮食。多方搜求宝马，珍奇，充斥于宫室。
苑台[2]，多取野兽蜚鸟置其中。 慢于鬼神。 大冣乐戏于沙丘[3]，
扩大沙丘的园苑楼台，捕捉许多野兽飞禽放置其中。傲慢地对待鬼神。在沙丘汇集了
以酒为池，悬肉为林，使男女倮相逐其间[4]，为长夜之饮。
各种游乐之戏，作酒池肉林，让男女都裸体在其中追逐，通宵达旦地饮酒作乐。

百姓怨望而诸侯有畔者，于是纣乃重刑辟[5]，有炮格之
纣的倒行逆施引起百姓怨恨，而且诸侯中有反叛者，因此纣就加重刑罚，设置了炮格
法[6]。 以西伯昌、九侯、鄂侯为三公[7]。 九侯有好女，入之纣。
的酷刑。任命西伯昌、九侯、鄂侯为三公。九侯有个美丽的女儿送给纣王。九侯的女儿不喜
九侯女不喜淫，纣怒，杀之，而醢九侯[8]。 鄂侯争之强，辨之
欢淫荡，纣王十分恼怒，就把她杀了，而且把九侯也剁成肉酱。鄂侯竭力抗争，和纣激烈辩论，
疾，并脯鄂侯[9]。 西伯昌闻之，窃叹。 崇侯虎知之，以告纣，
纣又把鄂侯杀死，并晒成肉干。西伯昌听到这件事，暗中叹气。崇侯虎知道了，就密告给纣
纣囚西伯羑里。 西伯之臣闳夭之徒[10]，求美女奇物善马以献
王，纣王囚禁西伯侯在羑里。西伯的臣子闳夭等人搜求美女、奇珍异宝、良马等来献给纣王，

---

1 鹿台：纣所筑大型建筑，据传高千尺，广三里。钜桥：仓库名。
2 沙丘：古地名，在今河北省广宗县西北太平台。
3 冣：同"聚"。
4 倮：同"裸"，赤体。
5 刑辟：刑罚。
6 炮格：纣所设酷刑。即在铜柱上涂以油膏，用炭火烧烫，令罪人在上行走。
7 三公：司马、司徒、司空。
8 醢（hǎi）：剁人成肉酱。
9 脯：把人杀死晒成肉干。
10 闳夭：西伯姬昌之臣。

纣，纣乃赦西伯。西伯出而献洛西之地，以请除炮格之刑。
纣王就赦免了西伯。西伯出狱后把洛水以西的地方献给纣王，用来请求纣王废除炮格之刑。

纣乃许之，赐弓矢斧钺，使得征伐，为西伯。而用费中为
纣王就答应了他，赐给他弓、矢、斧、钺，使他有权征伐，做了西伯。纣王任用费仲主管国政，

政，费中善谀，好利，殷人弗亲。纣又用恶来。恶来善毁
费仲善于阿谀奉迎，好谋私利，殷人不亲近他。纣王又任用恶来，恶来喜欢诽谤进谗，诸侯

谗[1]，诸侯以此益疏。
因此更加疏远。

西伯归，乃阴修德行善，诸侯多叛纣而往归西伯。西伯
西伯归国之后，就暗中修仁德、行善事，诸侯大多背叛殷纣王而归顺西伯。西伯慢慢强大，纣王

滋大，纣由是稍失权重。王子比干谏[2]，弗听。商容贤者，百
由此稍稍失去权力威望。王子比干劝谏，纣王不听。商容是位贤者，百姓爱戴他，纣王废弃他。等到西

姓爱之，纣废之。及西伯伐饥国[3]，灭之，纣之臣祖伊闻之而咎
伯讨伐饥国，把它灭掉了。纣王的臣子祖伊听说此事而憎恶周国，感到害怕了，跑去禀告纣王说："上

周[4]，恐，奔告纣曰："天既讫我殷命，假人元龟[5]，无敢知吉，非
天已经断绝了我们殷朝的天命。那些深知天命的圣人用大龟来占卜，不敢保证殷前途的吉凶，这并非先

先王不相我后人[6]，维王淫虐用自绝，故天弃我，不有安食，不
王的神灵不保佑我们这些后人，是我王荒淫暴虐，以此自绝于先王啊！因此上天抛弃我大殷，降下灾荒

---

1 恶来：蜚廉之子。蜚廉善走，恶来有力，父子俱事纣王。
2 比干：纣王叔父，任少师之官。
3 饥国：《尚书·西伯戡黎》作"黎国"，是纣畿内封国，在今山西省黎城县东北。
4 祖伊：祖己之后，贤臣。咎：憎恶。
5 假人：先知、先觉之人。元龟：大龟。古人用龟占卜吉凶，认为愈大愈灵。
6 相：帮助，保佑。

虞知天性，不迪率典。今我民罔不欲丧，曰：'天曷不降威，
使我们不得安宁，没有饭吃。因为我们不能揣度上天的意图，不遵循常法呀！如今我国臣民没有不希望
大命胡不至[1]？'今王其奈何？"纣曰："我生不有命在天乎？"
我王灭亡的。他们说：'上天为什么不降威灭了殷，受天命的人为何还不来？'如今我王该怎么办？"
祖伊反，曰："纣不可谏矣。"西伯既卒，周武王之东伐，至盟
纣王说："我生来不就有天命吗？"祖伊回去后说："纣王没办法劝谏了。"西伯去世后，周武王率军
津[2]，诸侯叛殷会周者八百。诸侯皆曰："纣可伐矣。"武王曰：
东征，到达盟津，诸侯背叛殷朝而跟周会盟的有八百个国家。诸侯都说："纣王可以讨伐了。"武王说：
"尔未知天命。"乃复归。
"你们还不知天命。"就率师重新归国。

纣愈淫乱不止。微子数谏不听，乃与大师、少师谋，遂
纣王愈发荒淫胡为。微子每次劝谏，都不听从，就同太师、少师商量，离开了殷国。
去。比干曰："为人臣者，不得不以死争。"乃强谏纣。纣怒
比干说："做人臣的不得不用死来谏诤。"于是就强行劝谏纣王。纣王生气地说："我
曰："吾闻圣人心有七窍。"剖比干，观其心。箕子惧，乃佯
听说圣人的心有七窍。"剖开比干的胸膛，观看他的心。箕子感到恐惧，就假装发疯做
狂为奴，纣又囚之。殷之大师、少师乃持其祭乐器奔周。周
奴隶，纣王又囚禁了他。殷的太师，少师就带着祭祀的乐器逃到周国。周武王这时就率
武王于是遂率诸侯伐纣。纣亦发兵距之牧野[3]。甲子日，纣兵
诸侯讨伐纣王。纣王也发兵在牧野进行抵御。甲子这天，纣王的军队被打败，纣王逃入

1 大命：指受天命的人。
2 盟津：即孟津，黄河津名，在今河南省孟州市西南。
3 牧野：古地名，在殷都朝歌（今河南省淇县南）南郊七十里。

败。纣走入，登鹿台，衣其宝玉衣[1]，赴火而死。周武王遂斩

城中，登上鹿台，穿上他的宝玉衣服，跳入火中自焚而死。周武王就斩下纣王的头，悬

纣头，悬之大白旗。杀妲己。释箕子之囚，封比干之墓，表

挂在大白旗上，杀死妲己。把箕子从狱中救出，修整比干的坟墓，保护商容住过的居室。

商容之闾。封纣子武庚、禄父，以续殷祀，令修行盘庚之政。

分封纣王的儿子武庚、禄父，来承继殷的祭祀，责令他们施行盘庚时期的仁政。殷民十

殷民大说（yuè）。于是周武王为天子。其后世贬帝号，号为

分高兴。这样周武王成了天子。周武王称王，因此后世对夏、殷也贬称为王。殷朝宗室

王。而封殷后为诸侯，属周。

遗民封为诸侯，皆隶属于周。

---

1 宝玉衣：据《逸周书·世俘解》，纣王于甲子日黄昏，取天智玉琰衣五，环身以自焚。

厉王监谤失君位

周厉王名胡，是西周后期一个荒暴之君，他有两大特点，第一贪财好利，第二死要面子怕人揭短。他用了两个小人执掌政权，一个叫荣夷公，放手让他主持专利，征收赋税；一个叫卫巫，由他主持特务机构，专门打探消息，捉拿批评朝政的人。

西周是封国制度，土地山川分封给大大小小的诸侯，但大部分名山大

百姓道路以目

川大泽都归周王室所有，百姓原可以樵采刍牧。荣夷公为卿士，成立专利局，不准百姓樵采刍牧，进入王室领地必须先交税。国人纷纷议论，提出批评，卫巫就放出犬牙，四处打听，见到交头接耳、口出怨言的百姓，抓去拷打、杀害。国人都不敢讲话，行走路上，互相以目示意，全国一片沉寂，噤若寒蝉。周厉王很高兴，他对召公说："我有办法对付诽谤朝政的人，小民都不敢讲话了。"召公说："王啊，小民不敢讲话，不等于没有话。堵塞百姓的口就好比堵塞河川。河流湖泊涨水了，要疏导，而不是筑堤堵塞。一旦河水冲破堤坝，那就是一场大灾难。"周厉王不听。

　　周公、召公是西周两位执政的世卿，百官和国人的行政长官。周厉王任用荣夷公和卫巫，架空了周、召二公。两公深入基层，了解民情，发现怨声沸腾。这样过了三年，国人发动起义，驱逐了周厉王。周厉王逃奔到彘地。西周由周、召二公执政，史称共和。十四年后，周厉王太子姬静长大，二公立为周王，这就是周宣王。宣王执政后，革除弊政，周朝一度中兴。

周本纪·厉王

夷王崩，子厉王胡立。厉王即位三十年，好利，近荣夷
<small>夷王驾崩，其子厉王胡继位。厉王在位三十年，贪财好利，亲近荣夷公。大夫芮良夫劝</small>
公。大夫芮良夫谏厉王曰[1]："王室甚将卑乎[2]？夫荣公好专利而
<small>谏厉王说："王室将要衰微了吗？荣夷公喜好独占利益而不知道大难将至。利这东西，是百物</small>
不知大难[3]。夫利，百物之所生也，天地之所载也，而有专之，
<small>所生成的，天地所共同拥有的，一旦有人想独占它。它的危害很多呀！天地万物是每个人都可</small>
其害多矣！天地百物皆将取焉，何可专也？所怒甚多，而不
<small>以拥有的，如何可以独占呢？怨怒的人会很多，然而又没有准备承受大难，用这些来教给王，</small>
备大难，以是教王，王其能久乎？夫王人者，将导利而布之
<small>王你能够长久吗？做人君的，应该倡导生产而公平地支配给全国上下，使人神百物无不得到最</small>
上下者也，使神人百物无不得极，犹日怵惕惧怨之来也！故
<small>大的利益，即使如此，尚且天天担心，唯恐百姓有怨怒呢！因此《周颂》说："有文德的后稷</small>
《颂》曰'思文后稷，克配彼天，立我蒸民，莫匪尔极'。《大
<small>德行可与天地相配，使我众民安居乐业，无不达到极点。"《大雅》说：'文王广施恩泽，才</small>
雅》曰'陈锡载周'。是不布利而惧难乎？故能载周以至于
<small>成就周的天下。'这难道不是普施财利而警惕灾难吗？所以能够成就周朝天下传到今天。现今</small>

---

1 芮良夫：芮伯也。
2 卑：衰微。
3 专利：独占利益。

今。今王学专利，其可乎？匹夫专利，犹谓之盗，王而行之，
君王你却学习独占利益，这怎么可以呢？匹夫独占利益尚且被称为强盗，王要是也这样做，归

其归鲜矣。荣公若用，周必败也。"厉王不听，卒以荣公为卿
附的人就少了。荣公若被任用，周必然要衰败。"厉王不听劝谏，到底还是任用荣公为卿士，

士，用事。
主理政事。

王行暴虐侈傲，国人谤王。召公谏曰[1]："民不堪命矣。"
厉王的行为暴虐、奢侈、骄傲，国人怨谤议论他的过失。召公劝谏说："民众不能忍受

王怒，得卫巫[2]，使监谤者[3]，以告则杀之。其谤鲜矣，诸侯不
暴虐了。"厉王发怒，找来卫国的巫人，让他监视议论的人，凡受举报的就被杀掉。国人的怨

朝。三十四年，王益严，国人莫敢言，道路以目[4]。厉王喜，
谤少了，诸侯也不来朝拜。厉王三十四年，统治更加严厉，国人不敢交谈，走在路上以眼光示

告召公曰："吾能弭谤矣[5]，乃不敢言。"召公曰；"是鄣之也[6]。
意。厉王很高兴，对召公说："我能够制止怨谤，没有人再敢讲话。"召公说："这是堵塞罢

防民之口，甚于防水。水壅而溃，伤人必多，民亦如之。是
了。防止民众的口，甚于防止水的流动。水被堵塞而冲溃堤坝，伤人必然更多，治民也是这样。

故为水者决之使导，为民者宣之使言。故天子听政，使公
所以治水应该开通疏导，治民也应使他们敞开说话。天子听政，让公卿以下到列士都进献讽谏

---

1 召公：此指召康公后代，名穆公虎。
2 卫巫：卫国的巫人。
3 监谤者：监察揭发议政的人。
4 道路以目：行人以目示意，不敢互相说话。
5 弭（mǐ）：止。
6 鄣：堵塞。

厉王监谤失君位　203

▲ 明·董其昌《山川图》

卿至于列士献诗[1]，瞽献曲[2]，史献书[3]，师箴[4]，瞍赋[5]，矇诵[6]，百工
的诗篇，乐师进献乐曲，太史进献图书，少师做箴言劝谏，盲人做讽诵之赋，百工之人均可
谏，庶人传语，近臣尽规[7]，亲戚补察[8]，瞽史教诲，耆艾修之，
诤谏，普通平民可以传话给天子，王之左右近臣进规劝之言，宗室大臣补察过失，乐师和太
而后王斟酌焉，是以事行而不悖。民之有口也，犹土之有山
史要时时教诲，师傅等年长者要经常告诫，而后王来斟酌处理，这样行事才不会有违逆。民
川也，财用于是乎出；犹其有原隰衍沃也[9]，衣食于是乎生。口
众有口就像土地有山川，财货用品从这里出来；又如同大地有平原沃野，衣食是从这里出来。
之宣言也，善败于是乎兴。行善而备败，所以产财用衣食者
口能够抒发言论，政治的美善成败从这里可以看出来。好的实行，坏的防备，这和生产财货
也。夫民虑之于心而宣之于口，成而行之。若雍其口，其与
衣食的道理一样。民众心中的思虑从口中表达出来，考虑好了就实行它。如果堵塞了他的口，
能几何？"王不听，于是国莫敢出言。三年，乃相与畔，袭厉
那么能维持多久呢？"厉王不听从，这时全国都不敢讲话。三年后就联合起来反叛，袭击厉王。
王。厉王出奔于彘。
厉王逃出奔到彘地。

---

1 列士：上士、中士、下士。献诗：献诗讽谏。
2 瞽：盲者，指乐师，古代乐师多由盲者充任。曲：乐曲。
3 史献书：太史可以献图书记载古今成败，以表达意见。
4 师：少师。箴：一种寓有劝谏之义的文章。
5 瞍：无眸的盲人。赋：不入乐的诗。
6 矇：青光眼，即白内障。诵：讽诵。
7 近臣：王的左右之人。尽规：尽规劝之言。
8 亲戚补察：宗室大臣，补察过失。
9 原隰衍沃：宽阔平坦之地叫原，低下潮湿之地叫隰，低下平坦之地叫衍，有河流灌溉之地叫沃。

▲ 清人绘《帝鉴图说·戏举烽火》

幽王烽火戏诸侯

周幽王是西周的亡国之君，名宫涅，与周厉王是齐名的昏暴之君，两人并称为幽厉。幽王是厉王的孙子，由于他的暴虐超过厉王，所以并称时，"幽"字在"厉"字的前面，曰"幽厉"。

幽王有一个宠妃叫褒姒，有沉鱼落雁之容，闭月羞花之貌，幽王非常喜欢。但褒姒有一个怪脾气，老是阴着脸，从来没有笑容。周幽王千方百计，想尽办法让褒姒欢笑，褒姒就是不笑。有一天周幽王带褒姒游骊山，命人点燃了烽火。烽火台一处起火，依次传递，刹那间一个又一个烽火台起火冒烟，延续到天际望不到边，伴随烽火，鼓声大作，哨卡卫士紧张地投入奋战活动，如临大敌。一天接一天，烽火不断，直到诸侯勤王之帅开到京师，烽火才停止。褒姒从没见过这样紧张、激烈的场面，哈哈大笑，幽王很高兴，两人十分开心。

烽火是古代的警报系统，每一个哨卡筑有一个土台，备有狼粪、柴草，白天燃粪举烟，晚上燃柴举火，用以传递敌人入侵的警报。幽王为了逗褒姒笑，点燃烽火，前来勤王的诸侯见了这场面非常恼怒，怏怏散去。周幽王一次又一次点烽火，诸侯勤王上了一次又一次的当，俗话说，事不过三。以后再点烽火，诸侯不来了。

幽王的太子宜臼是申后所生。褒姒生子伯服。幽王为讨褒姒欢心，废了太子宜臼，改立伯服为太子。大臣反对，幽王就任用虢石父为卿。

虢石父善逢迎，投幽王所好，办事没有原则，又贪利暴敛，国人十分怨恨。这时申后的父亲申侯就引纳犬戎入寇，幽王再举烽火，诸侯以为幽王又在作乐，都不发兵。于是犬戎攻破镐京，杀了幽王、褒姒。太子宜臼逃出关中，到了洛阳，诸侯奉为周王，这就是平王。平王定都洛阳，史称平王东迁。

周本纪·幽王

三年，幽王嬖爱褒姒[1]。褒姒生子伯服，幽王欲废太子。太
<small>三年，幽王宠爱褒姒。褒姒生了儿子叫伯服，幽王想要废掉太子。太子的母亲是申</small>
子母申侯女，而为后。后幽王得褒姒，爱之，欲废申后，并
<small>侯的女儿，而且为王后。后来幽王得到褒姒，宠爱她，要想废黜申后，并且废掉太子宜臼，</small>
去太子宜臼，以褒姒为后，以伯服为太子。周太史伯阳读史
<small>好让褒姒做王后，让伯服为太子。周太史伯阳阅读历史记载说："周朝要灭亡啦！"昔</small>
记曰："周亡矣。"昔自夏后氏之衰也，有二神龙止于夏帝庭
<small>日在夏后氏衰微的时候，有两条神龙停在夏帝的庭院中说："我们是褒国的两个先君。"</small>
而言曰："余，褒之二君。"夏帝卜杀之与去之与止之，莫吉。
<small>夏帝占卜，是杀掉它们或是赶跑它们，还是留住他们，结果都不吉利。又占卜说："请</small>
卜请其漦而藏之[2]，乃吉。于是布币而策告之[3]，龙亡而漦在，椟
<small>求龙留下唾液并且收藏起来，结果才是吉利的。于是陈列祭物并用简策郑重告诉它们，</small>
而去之。夏亡，传此器殷。殷亡，又传此器周。比三代，莫
<small>龙不见了，留下唾液，便用匣子把唾液收藏起来并清除了痕迹。夏朝灭亡后这个匣子传</small>
敢发之。至厉王之末，发而观之。漦流于庭，不可除。厉王
<small>到了殷，殷灭亡后又传给了周朝。连传三代，没有人打开它。到了厉王末年，打开来观看，</small>

1　褒（bāo）姒：幽王宠妃，褒国之女。褒为夏之同姓，姓姒氏。褒国故城在今陕西省汉中市北。
2　漦（lí）：龙沫。
3　策告之：以简策之书告龙，而请其漦。

使妇人裸而噪之[1]。 嫠化为玄鼋[2]，以入王后宫。 后宫之童妾既龀
龙的唾液流到大庭之中，不可以除掉。厉王命妇女裸体叫骂它，龙唾液变成蜥蜴，窜入

而遭之[3]，既笄而孕[4]，无夫而生子，惧而弃之。 宣王之时童女
厉王的后宫，后宫有个女婢刚六七岁碰上它，成年后竟然怀孕，没有丈夫便生下孩子，

谣曰："檿弧箕服[5]，实亡周国。" 于是宣王闻之，有夫妇卖是器
她感到害怕就把孩子扔掉了。宣王时有小孩歌谣说："桑木弓呀，箕木箭，会使周国完蛋。"

者，宣王使执而戮之。 逃于道，而见向者后宫童妾所弃妖子
当时宣王听到这歌谣，正好有一对夫妇卖这两件器物，宣王就派人去抓捕，打算杀掉他

出于路者[6]，闻其夜啼，哀而收之，夫妇遂亡，奔于褒。 褒人
们。夫妇二人逃命，在路上发现先前宫中的小婢女抛弃在路上的幼儿，听到她夜里啼哭，

有罪，请入童妾所弃女子者于王以赎罪。 弃女子出于褒，是
便哀怜并收养了她。夫妇于是逃亡到褒国。褒人有罪过，请求献上那女婢所弃的女孩给

为褒姒。 当幽王三年，王之后宫见而爱之，生子伯服，竟废
幽王来赎罪。被弃的女孩来自褒国，这就是褒姒。在幽王三年时，王到后宫见到她而且

申后及太子，以褒姒为后，伯服为太子。 太史伯阳曰："祸成
宠爱她，生子名伯服，就废掉申后和太子，让褒姒为王后，伯服为太子。太史伯阳说："灾

矣，无可奈何！"
祸已酿成了，无可奈何！"

1　使妇人裸而噪之：使一群妇女裸体叫骂。
2　玄鼋（yuán）：蜥蜴。
3　童妾：小姑娘。龀：女七岁更齿曰龀。
4　既笄而孕：这位后宫女子成年后着了身孕。既笄，女子二八插笄，表示成人。笄，插发之簪。
5　檿（yǎn）弧：山桑所制之弓。箕服：箕木所制之矢。
6　向者：先前。妖子：幼儿。

褒姒幼时被一对夫妇收养

褒姒不好笑,幽王欲其笑万方,故不笑。幽王为烽燧大
褒姒不爱笑,幽王千方百计要她笑,仍然不笑。幽王设置有报警的烽火台和大鼓,如有敌寇来犯
鼓[1],有寇至则举烽火。诸侯悉至,至而无寇,褒姒乃大笑,幽
就点燃烽火,擂起战鼓。幽王点燃烽火,诸侯都赶来勤王相救,却没有敌寇,褒姒果然大笑起来。幽王
王说(yuè)之,为数举烽火。其后不信,诸侯益亦不至。
很高兴,为她多次点燃烽火,后来失去了信用,诸侯也就不来了。

幽王以虢石父为卿,用事,国人皆怨。石父为人佞巧善
幽王任用虢石父为卿,执掌政事,国人都怨恨他。石父为人奸佞巧诈,善于阿谀奉承,贪

---

1 烽燧:古代的告警系统,筑高土台,置薪柴,有警即举薪烧之,白昼见烟,夜见火,传递信息。

幽王烽火戏诸侯　211

谀好利,王用之。又废申后,去太子也。申侯怒,与缯[1]、西
图利益,幽王却信任他,又废去申后和太子。申后父亲申侯大怒,联合缯国、西夷的犬戎攻打幽

夷犬戎攻幽王。幽王举烽火征兵,兵莫至,遂杀幽王骊山下,
王。幽王燃起烽火征召救兵,没有救兵到来,犬戎于是杀死了周幽王,陈尸骊山脚下,俘获了褒姒,

虏褒姒,尽取周赂而去[2]。于是诸侯乃即申侯而共立故幽王太子
席卷了周王室的宝器才离去。这样诸侯与申侯共立已被废掉的原幽王太子宜臼为王,这就是周平

宜臼,是为平王,以奉周祀。
王,继承周家香火。

1　缯:古侯国,姓姒,古城在今山东省临沂市。
2　周赂:周王室所藏财货。

齐襄公荒淫通妹

齐襄公诸儿，是春秋中叶齐国的一个荒淫国君。齐襄公乱伦，与妹妹私通，并杀害妹夫鲁桓公，造成齐、鲁两国不和，势同水火。齐襄公被堂弟公孙无知杀害，导致了一场齐国的内乱。生活上的荒淫，往往是乱国的苗头，齐襄公通妹就是一个例证。

齐襄公父亲叫齐釐公。太子诸儿与妹勾搭成奸，引起人们纷纷议论。齐釐公赶紧把女儿远嫁鲁国，为鲁桓公夫人。

齐襄公凶顽，他的两个弟弟公子纠和公子小白都很贤明。宗法制度立长不立幼，诸儿继承了国君之位。公元前697年，齐釐公死，齐襄公即位。第四年，鲁桓公带着夫人到齐国访问，齐襄公不顾国体，公然召鲁夫人进宫与之苟且。鲁桓公知道后非常生气，严厉斥责鲁夫人。鲁夫人把受斥责之事报告给了齐襄公。两个合谋，一不做，二不休，设下谋杀鲁桓公的奸计。

一天，齐襄邀请鲁桓公饮宴，故意灌醉了鲁桓公。然后派宫中武士彭生抱鲁桓公上车，在这当儿彭生掐死了鲁桓公。鲁夫人留齐不返，明目张胆地与齐襄公双宿双栖。鲁人提出抗议，齐襄公杀死彭生向鲁道歉。可怜的武士彭生成了替死鬼。

齐襄公治国，昏庸无能，言而无信，又记私恨，没有气度，这些使得他四处树敌。齐襄公当太子时与堂弟公孙无知打过架，他记恨在心。当了国君后，剥夺了公孙无知的俸禄，又在兄弟面前摆威风。群弟恐受祸，出国逃避。次弟公子纠逃到鲁国，因其母为鲁女，管仲、召忽为其师傅。次弟公子小白逃到莒国，其母为卫女，大夫鲍叔为其师傅。齐襄公成了孤家寡人，公孙无知暗中结党，准备发动政变，诛杀齐襄公。一场大祸就要临头，齐襄公毫不知情，不加防备，仍然作威作福，结怨诸将。

襄公十二年（前686年），他又派齐大夫连称、管至父戍守葵丘（今山东省淄博市临淄区东北），并约定第二年瓜熟之时派军队接替他们。两位将领戍边满一年，但到约定日期，襄公却不派人接替，有将领代为求情，也遭到襄公的指斥。于是，边地的将士牢骚满腹，都气愤襄公言而无信。

在京城积蓄力量的公孙无知遂联合连称、管至父，密谋发动政变。

齐襄公命人殴打制鞋的官员

机会终于来了。一次，襄公外出狩猎，不小心从马上跌下来，脚受了重伤。襄公认为他摔伤了脚，是由于脚上的鞋子穿着不舒服，于是他就把负责制鞋的官员茀叫来，狠狠地打了他三百鞭，伤痕累累的茀逃离了宫城。

公孙无知、连称等人听说襄公受伤，认为这是天赐良机。于是，他们纠集了一支队伍准备冲进宫去。

就在此时，他们迎面遇见了已逃出宫的茀。茀见形势危急，就说："你们先不要惊动众人，否则很难深入宫中。"公孙无知见茀刚挨了打，料想茀也痛恨襄公，就相信了茀的话。

茀赶紧跑回宫中，把襄公藏在一扇不易开启的大门后边，又组织宫中卫士应付突变。

这时，守候在宫外的公孙无知一群人见茀很久不出来，知道事情有变，遂率众强行入宫。经过一番激战，叛军取得胜利，茀和武士们全都被打死了。公孙无知从门背后找到失魂落魄的齐襄公，当即把他杀了。公孙无知遂自立为齐国国君。

公孙无知弑君篡权，不得人心，不久，他也被齐人所杀。齐国陷入混乱。

齐太公世家·襄公

釐公卒，太子诸儿立，是为襄公。
齐釐公死了，他的儿子诸儿继位，这就是齐襄公。

襄公元年，始为太子时，尝与无知斗，及立，绌无知秩服，无知怨。
襄公元年，齐襄公过去做太子时，曾经与公孙无知争斗，等到即位后，就马上免除了公孙无知的礼秩服饰等高贵的待遇，公孙无知因此怀恨在心。

四年，鲁桓公与夫人如齐。齐襄公故尝私通鲁夫人。鲁夫人者，襄公女弟也，自釐公时嫁为鲁桓公妇，及桓公来而襄公复通焉。鲁桓公知之，怒夫人，夫人以告齐襄公。齐襄公与鲁君饮，醉之，使力士彭生抱上鲁君车，因拉杀鲁桓公[1]，桓公下车则死矣。鲁人以为让[2]，而齐襄公杀彭生以谢鲁[3]。
襄公四年，鲁桓公带着夫人到齐国去。齐襄公过去曾与鲁夫人通奸，而鲁夫人却是齐襄公的妹妹，是在齐釐公时出嫁给鲁桓公做夫人的。等到这次鲁桓公又带她回国，齐襄公就趁机又与她胡来。鲁桓公知道后，责骂了夫人，夫人便把实情报告给了齐襄公。齐襄公就设宴招待鲁桓公，让他喝得大醉，然后派大力士彭生把鲁桓公抱到他自己的车子上，并趁机用力折断了他的骨头，鲁桓公下车时已经死了。鲁国因此向齐国提出了责问，于是齐襄公杀掉了彭生来向鲁国赔罪。

---

1 拉杀：用外力迫压折骨而死。
2 让：责问。
3 谢鲁：向鲁国赔罪。

八年，伐纪[1]，纪迁去其邑。

襄公八年，齐国攻打纪国，纪国因此迁都避难。

十二年，初，襄公使连称、管至父戍葵丘，瓜时而往，及瓜而代。往戍一岁，卒瓜时而公弗为发代。或为请代，公弗许。故此二人怒，因公孙无知谋作乱。

襄公十二年，原先襄公派连称和管至父守卫葵丘这个地方，讲好今年瓜熟时去，明年瓜熟时派人接替。但是他们在葵丘守了整整一年，等到瓜熟时襄公也不派人来替换他们。有人在襄公面前请求派人换防，襄公没有答应。所以这两个人就十分生气，就联合公孙无知阴谋造反。

连称有从妹在公宫[2]，无宠，使之间襄公[3]，曰："事成以女为无知夫人。"冬十二月，襄公游姑棼[4]，遂猎沛丘。

连称有个堂妹在襄公宫中，但没有得到襄公的宠爱，于是连称就让她暗中侦伺报告襄公的动静，并许愿说："事情成功后，让你做公孙无知的夫人。"这年冬天十二月，齐襄公出游到了姑棼，因此就近到沛丘打猎。

见彘[5]，从者曰"彭生"。公怒，射之，彘人立而啼。公惧，坠车伤足，失屦，反而鞭主屦者茀三百。茀出宫，

路上碰到一只野猪，随从的人都说它是"彭生"变的。齐襄公大怒，马上用箭射它，野猪像人一样站着吼叫。襄公大惊失色，从车上跌了下来，伤了脚，连鞋子也丢掉了，回到宫中，襄公把管理鞋子的官员茀狠狠地抽打了三百鞭，

而无知、连称、管至父等闻公伤，乃遂率其众袭宫。逢主屦茀，茀曰："且无入惊宫，惊宫未易入也。"无知弗

茀离开了宫中。这时公孙无知、连称和管至父等人听说齐襄公受了伤，就率领一伙同党来偷袭王宫。他们在路上碰到了主管鞋子的茀，茀对他们说："先不要惊动宫中，惊动了反而不容易进去。"公孙无知

---

1 纪：古国名，在今山东省寿光市。

2 从妹：堂妹。

3 间：暗中侦伺报告。

4 姑棼：即薄姑。

5 彘：野猪。

齐襄公荒淫通妹　217

齐襄公路遇野猪（明内府彩绘本《春秋五霸七雄通俗演义列国志传》插图）

信，茀示之创，乃信之。待宫外，令茀先入。茀先入，
不相信，茀露出了身上的创伤给大家看，公孙无知等人这才相信。于是公孙无知等人就先留在宫外，让
即匿襄公户间。良久，无知等恐，遂入宫。茀反与宫
茀先进宫。茀进宫后，立即把齐襄公藏在门户的空隙处。过了许久还不见动静，公孙无知担心有变，就
中及公之幸臣攻无知等，不胜，皆死。无知入宫，求公
直接冲了进去。这时茀反而联合宫中卫士及襄公的亲信大臣来攻打公孙无知等人，但是寡不敌众，都战
不得。或见人足于户间，发视，乃襄公，遂弑之，而无
死了。公孙无知进入宫中后，到处找不到襄公。有人看到一只脚从门户的空障处露了出来，打开一看，
知自立为齐君。
正是齐襄公，就把他给杀了。公孙无知自己做了齐国国君。

齐君无知游于雍林……雍林人袭杀无知。
公孙无知出游到雍林……雍林人袭杀无知。

▲ 清人绘《帝鉴图说·焚书坑儒》

始皇残虐焚书坑儒

"焚书坑儒"是千古一帝秦始皇的一大"政绩",是是非非两千多年,至今没有结论。

这篇故事细说根由,再做详议,将秦始皇与前人、今人对照,多重思维,然后说是非。

秦始皇建立中央集权专制制度,采取了许多措施。比如迁移豪强,把东方六国贵族遗民与地方大户迁到咸阳十余万家,流放巴蜀不计其数,下令销毁天下兵器,平掉城郭,填平池城河,统一度量衡,统一文字,统一思想。为了新政权的巩固,这些措施是完全必要的,大多数都是正确的。统一思想,不等于焚书坑儒,这种极端措施,不表明秦朝的强大,也不能证明秦始皇雄略,恰恰相反,是政权虚弱与人主残虐的表现。极端措施,有客观需要的一面,而主观错误占主导因素,所以是一场社会灾难,古往今来毫无例外。古称极端,今称极"左"。

"焚书"与"坑儒",是两个事件。

秦始皇三十四年(前213年),秦始皇在咸阳宫摆下酒席,宴请文武大臣,很多大臣上前为秦始皇祝酒,赞美秦始皇灭亡六国,统一天下的丰功伟绩。秦始皇本有些醉意,经大臣们一吹捧,更觉得意,有些飘飘然了。席间,博士淳于越上前说:"臣听说殷朝、周朝统一天下的时候,分封贵族子弟借以巩固自己的统治,因此,两朝能够统治一千多年。现在皇上英明，平定天下，但子弟们是一般平民，将来国家一旦出现意外，没有辅翼，怎么挽救危局呢？所以我希望皇上以古人为师，不要光听信那些奸臣的奉承之辞。"丞相李斯马上反驳说："五帝三代各以自己的方法治理天下，并非他们故意标新立异，而是时代发生了变化。现在天下已经安定，法令出于一统，我们没有必要完全效法三代。古代天下散乱，诸侯纷争，人人赞赏自己和所学的知识，非议朝廷制定的政策法令，造成思想混乱无法统一。当今皇上一统天下，理所当然定于一尊，而私人讲学成风，以个人见解批评朝廷政令，上朝时内心反感，退朝后散布流言。长此下去，国君威望受损，朋党之风形成。因此，我建议史官，把秦国以外的史书一律烧毁，除了国家博士机关收藏图书外，天下百姓均不得藏书，儒家《诗》《书》，以及诸子百家的书，统统烧掉。各地政府机关坚决查办。有两人以上讨论《诗》《书》学问的人加以腰斩示众，以古讽今的人满门抄斩。官吏及百姓隐匿不报，知情不揭发，视同犯罪，处以同等刑罚。通令下达三十天内没有执行的人，判罪作苦刑。医药、种树一类的书可以不烧。"秦始皇批准了李斯这一建议。于是国家机器开动起来，进行全面的愚民政策。见书烧毁，不准民间藏书读书，称为"挟书令"，犯此禁令则被诛杀。以至到了汉朝建立，人们仍然不敢读书、藏书。西汉政权巩固后，直到汉惠帝三年（前192年）才由政府发布通告，取消了挟书令。

焚书后的第二年，秦始皇三十五年（前212年），方士侯生、卢生在背后议论秦始皇，说他贪权骄横，独裁专制，为了活命，趁早逃离这是非之地。侯生、卢生的逃亡，可以说是公开冒犯秦始皇的权威。秦始皇一生气，下令坑杀儒生，单在京师一次就活埋了四百六十个方士和儒生。全国立刻陷入恐怖之中。又过了一年，秦始皇三十六年（前211年），东郡落下大陨石，有人在陨石上刻了一行字："始皇帝死而地分。"秦始皇派御史缉拿犯罪嫌疑人拷问，没有人认罪，秦始皇下令陨石周围的人，无论少长，全部杀光。

焚书与坑儒，是不同的政治事件，但两件事不仅接续发生，而且都是禁锢思想的愚民措施，所以合称"焚书坑儒"。

开动国家机器对知识界进行大扫荡，秦始皇开了一个恶例。战国时思想活跃，百家争鸣，各国君主、大臣尊重知识，尊重人才，有战国四公子养士，各有食客三千。齐宣王在齐国临淄稷门建立学宫，招纳天下贤士，不治民而讲学论政，可以说是齐国建立的社会科学院。那里讲学自由，学者按大夫待遇。学宫首领称祭酒，按国卿待遇。荀况在稷下学宫曾一度任祭酒，享受国卿待遇，所以史称荀卿。李斯是荀卿的学生，他一反老师的自由讲学传统，推行焚书坑儒，丧失中华民族早已形成的传统道德，最后李斯被五刑而死，全家诛灭。

焚书坑儒，影响深远，流毒数千年而不熄。后世帝王屡兴文字狱，是新形式的焚书坑儒。始作俑者，秦始皇与李斯。秦朝二世而亡，历史给暴虐者做了公正的评判。

天网恢恢，疏而不失！信夫！

秦始皇本纪

始皇置酒咸阳宫，博士七十人前为寿。仆射周青臣进颂
始皇在咸阳宫设置酒宴，有博士七十人上前祝寿。仆射周青臣进前歌颂功德说："从前
曰[1]："他时秦地不过千里，赖陛下神灵明圣，平定海内，放逐
秦国的领土不过一千里，依赖陛下的神灵圣明，平安海内，放逐了蛮夷，日月所能照到的无不从
蛮夷，日月所照，莫不宾服。以诸侯为郡县，人人自安乐，
服。废去诸侯而设置郡县，每个人安居乐业，没有战争的忧患，天下可以传递万世。自上古以来
无战争之患，传之万世。自上古不及陛下威德。"始皇悦。博
没有能赶上陛下您的威德。"秦始皇非常高兴。博士齐人淳于越上前说："臣听闻殷朝和周朝称
士齐人淳于越进曰："臣闻殷、周之王千余岁，封子弟功臣，
王一千多年，分封子弟和功臣，自为枝叶辅翼。现今陛下拥有海内，而子弟为平民，一旦有田常
自为枝辅。今陛下有海内，而子弟为匹夫[2]，卒有田常、六卿之
和六卿这类大臣，没有辅翼，用什么来相互救助呢？事情不取法上古而能长久的，没有听说。今
臣，无辅拂（bì），何以相救哉？事不师古而能长久者，非所闻
天青臣又当面阿谀以加重陛下的过错，不是忠臣。"秦始皇把他们的争论下达给臣下评议。丞相
也。今青臣又面谀以重陛下之过，非忠臣。"始皇下其议。丞
李斯说："五帝的制度不相重复，三代不相因袭，各自达到治理，并非有意要相反，而是时势变

---

1. 仆射（yè）：秦官名。仆，主持。古代重武，主持督课射礼的官员叫仆射。此处指诸博士的首长。
2. 匹夫：指没有爵位和权势的平民。

相李斯曰:"五帝不相复,三代不相袭,各以治,非其相反,
异的缘故。现今陛下创立大业,建立万世的功勋,本来就不是愚陋的儒生所能知道的。而且淳于
时变异也。 今陛下创大业,建万世之功,固非愚儒所知。 且
越说的乃是三代的事,如何值得效法呢?那时诸侯相互争夺,才优厚地招致游学之士。现今天下
越言乃三代之事,何足法也?异时诸侯并争,厚招游学[1]。 今天
已经平定,法令出于统一,百姓在家就努力于农工生产,士人就学习法律和刑法禁令。现今这些
下已定,法令出一,百姓当家则力农工,士则学习法令辟禁[2]。
读书人不师法当今而学习上古,用来非议当世,惑乱百姓。丞相李斯冒死上言陛下:古时天下散
今诸生不师今而学古,以非当世,惑乱黔首。 丞相臣斯昧死
乱、没有人能使它统一,因此诸侯并起,学说都称道古时而攻击现今,修饰虚妄的言语来扰乱名
言:古者天下散乱,莫之能一,是以诸侯并作,语皆道古以害
实,人们个个都认为只有他私自获得的学问是最好的,拿来非议圣上所建立的法律制度。今天皇
今[3],饰虚言以乱实,人善其所私学,以非上之所建立。 今皇
帝兼并拥有天下,区别黑白而确定至高无上的权威。私自传授学说的人相聚一起,非议法令政教,
并有天下,别黑白而定一尊。 私学而相与非法教[4],人闻令下,
人们听到朝廷命令传下,就各自用他所学的道理来论长道短。在家独处时,就在心中非议;出门
则各以其学议之。 入则心非,出则巷议,夸主以为名,异取
则街谈巷议,夸耀所信奉的学说来沽名钓誉。选取不同于现行法令的做法来抬高自己,率领一群
以为高,率群下以造谤。 如此弗禁,则主势降乎上,党与成
在下位的人来妄造谤言。像这样如不禁止,那么在上位的皇帝权威就会下降,在下位的私人集团

---

1 游学:指战国时以自己的学说游说诸侯的人。
2 辟(bì)禁:刑法禁令。辟,法。
3 害:攻击。
4 法教:法律、教令。

乎下，禁之便[1]。臣请史官非秦记皆烧之。非博士官所职，天下
_{就会形成，取缔他们是应当的。臣请求史官所记不是秦记都烧毁它。不是由博士官的职守，天下}
敢有藏《诗》《书》，百家语者，悉诣守、尉杂烧之。有敢偶
_{敢有私藏《诗》《书》和百家书籍的，全都送到郡守、县尉那里统统烧毁。有敢结伙谈论《诗》}
语《诗》《书》者弃市，以古非今者族，吏见知不举者与同罪。
_{《书》的人处以弃市之刑。用古事来非议当今的诛杀全族。官吏见到知道而不举报者处以相同的}
令下三十日不烧，黥为城旦[2]。所不去者，医药、卜筮、种树之
_{刑罚。诏令下达三十日不焚烧的，处以黥刑，发配守边四年。可以不烧毁的只有医药、卜筮、种}
书。若欲有学法令，以吏为师。"制曰："可"。
_{树等书。如果有人想学习法令，以官吏为老师。"秦始皇下诏说："可以。"}

侯生、卢生相与谋曰[3]："始皇为人，天性刚戾自用，起
_{方士侯生和卢生在一起商议，说："秦始皇的为人，天性刚愎自用而又狠毒，起于}
诸侯，并天下，意得欲从，以为自古莫及己，专任狱吏，
_{诸侯而兼并天下，随心所欲，自以为从古以来的人没有人赶得上自己。专门任用狱吏，狱}
狱吏得亲幸。博士虽七十人，特备员弗用[4]。丞相诸大臣皆
_{吏得到亲近宠幸。博士虽有七十人，只不过是充数而不被任用。丞相诸位大臣都只是接受}
受成事，倚辨于上。上乐以刑杀为威，天下畏罪持禄，莫
_{现成的命令，凭倚仰仗皇上办事。皇上喜欢用刑罚杀戮为威权，天下都畏罪怕事，为保持}
敢尽忠。上不闻过而日骄，下慑伏谩欺以取容。秦法，不
_{地位，没有人敢于尽忠极谏。皇上听不到过错而日益骄纵，臣下慑于淫威，敷衍欺侮，求}

---

1. 禁之便：取缔他们是正确的。便，便宜，正当。
2. 黥（qíng）：在犯人额颊上刺字，并用矾石涂抹，使字不可洗除。城旦：秦代四年徒刑，犯者谪发边地，旦暮守边。
3. 侯生、卢生：侯、卢两先生，均方士，史失其名。
4. 备员：挂名充数。

医药、卜筮类书不在焚毁范围内

得兼方，不验辄死。然候星气者至三百人，皆良士，畏忌
_{取皇上的容纳。秦的法律规定不能兼有两种方术，试验不灵验就处以死罪，然而观测星云}
讳谀，不敢端言其过，天下之事无小大皆决于上，上至以
_{气象者多达三百人，都是优良人才，却害怕触犯忌讳阿谀逢迎，不敢直言始皇的过失。天}
衡石量书，日夜有呈，不中呈不得休息[1]。贪于权势至如此，
_{下的事情无论大小，都决定于皇上，以至于皇上用秤一斤斤称量所要观看的文书。日日夜}
未可为求仙药。"于是乃亡去。始皇闻亡，乃大怒曰："吾
_{夜都有定量，达不到规定就不能休息。贪图权势到如此地步，不可为他求取仙药啊！"于}

---

[1] 呈：通"程"，定限，定额。

始皇残虐焚书坑儒

前收天下书不中用者，尽去之。悉召文学方术士甚众，欲
_{是就逃亡了。始皇听说后大怒说："我以前收缴天下的图书，不中用的都烧去。尽量召集}

以兴太平，方士欲练以求奇药。今闻韩众去不报，徐市等
_{文学、方术之士，想要他们兴起太平。方士想修炼来求取仙药。现今听说韩众一去不返，}

费以巨万计[1]，终不得药，徒奸利相告日闻[2]。卢生等，吾尊
_{徐市等人花费数十万，终究没有获得灵药，只剩下一天天传来诈骗的消息。卢生等人，我}

赐之甚厚，今乃诽谤我，以重吾不德也。诸生在咸阳者，
_{尊敬赏赐他们很丰厚，现今竟敢诽谤我来加重我的坏名声。在咸阳的儒生，我派人去侦察}

吾使人廉问，或为妖言以乱黔首。"于是使御史悉案问诸
_{了解，有的制造妖言来扰乱百姓。"于是就派御史一个个审讯这些儒生。这些人相互告发}

生。诸生传相告引，乃自除犯禁者四百六十余人，皆坑之
_{牵引，想以此来洗刷自己，落实违反禁令的有四百六十多人，把他们全都活埋在咸阳，让}

咸阳，使天下知之，以惩后。益发谪徙边。始皇长子扶苏
_{天下人都知道此事以便惩戒后人。更加大批地征发被贬谪的人，迁徙到边疆。始皇的长子}

谏曰："天下初定，远方黔首未集，诸生皆诵法孔子，今上
_{扶苏劝谏说："天下刚刚平定，远方的百姓还未归服，儒生们都学习以孔子为法，而今皇}

皆重法绳之，臣恐天下不安。唯上察之。"始皇怒，使扶
_{上用重法来惩戒他们，臣担心天下不安。希望皇上明察。"秦始皇很生气，派扶苏到北方}

苏北监蒙恬于上郡。
_{上郡去监督蒙恬。}

---

1 巨万：万万，极言其多。
2 奸利：奸诈取利，指以求仙药为名，骗取钱财。

秦二世昏暴失国

秦二世名胡亥，他是秦始皇的小儿子。公元前209年七月，胡亥21岁，他与宦官赵高通谋，勾结李斯，发动沙丘政变，篡改始皇遗诏，登上了帝位。

秦二世愚顽，他当了皇帝后，便成了赵高手中的玩物。秦二世表面上浑浑噩噩，实则心肠十分狠毒。他即位办的第一件事是安葬秦始皇，下令后宫无子的嫔妃全部殉葬。为了防止泄漏墓葬的机关秘密，珍宝被盗，二世又下令将制作墓内机关的工匠、埋放葬品的工人，全部封闭在墓道中，成了殉葬品，可谓残虐至极。

秦始皇有二十多个儿子。胡亥阴谋篡位，宗室大臣多有不服。赵高为了孤立二世，便假手二世来诛杀政敌，大肆造谣生事，制造矛盾。赵高老奸巨猾，很有一套政治手腕。第一步，架空二世，办法是隔绝内外，不让二世与大臣见面。赵高劝二世尽情享乐。秦二世说："人生一世，如白驹过隙，我既已君临天下，想尽情享乐，怎么样？"赵高说："享乐是贤明君主的作为，只有昏乱君主才加以禁止，应当及时行乐。"赵高还欺哄二世说："现在陛下年少，还不是老练臣下的对手。如果陛下亲自临朝，与大臣议事，语言差失，岂不受人耻笑！陛下不如深居宫中及时行乐。朝中大事小事就交给我赵高传达，向您汇报。这样，陛下不与群臣见面，使臣下莫测高深，大家敬畏陛下若神明，您就成了一个圣明君主了。"秦二世本是一个花花公子，乐得成天在宫中玩耍。就这样，赵高完全控制了秦二世，连丞相李斯都见不上二世的面，要通过赵高来传达。秦皇宫成了二世的监狱，他被深深地封闭在其中，整日花天酒地，对外事一点也不知道。

　　第二步，赵高假手二世来诛杀政敌。他蛊惑二世打出按先帝遗诏办事的方针，抬出秦始皇来压服皇子和百官。秦始皇修阿房宫，建骊山陵，动员民工七十万，天下骚动，人民困苦不堪。秦始皇死时，这两项工程都没有完成。二世以子不改父道为名，更大规模地进行土木工程。又增派北方戍守士卒。二世皇帝征兵、徭役，把人民推向了绝境。二世在赵高的蛊惑下为了树威，以种种借口大杀宗室，他把二十多个兄弟、姐妹一一处死。原来在始皇帝身边的近侍小臣，如中郎、外郎、散郎，也一一被处死，没有一个幸存者。

秦二世放任不管政事

第三步，赵高煽动秦二世实行恐怖政治，赵高借此抬高自己，培植亲信，树立朋党。他对二世说："先帝大臣，都是接连几代有名望的人，他们看不起陛下。我赵高名小位卑，幸得陛下抬举，替陛下管理宫廷事务，大臣们更是不满，看不顺眼。再说，为了巩固今天的天下太平，陛下也要效法先帝，申明法令，巡游郡县，树立声威。如今时势不尚文治，而要取决于武力和严刑峻法。希望陛下顺从时势，不要迟疑，趁大臣们来不及谋算，先下手为强，杀掉那些不服从陛下的人。陛下要收罗一批效忠的人，就要提拔被遗弃的人，让卑贱的显贵，让贫穷的富裕，让疏远的亲近，那么，上下同心，国家就安定了。"秦二世言听计从，放手让赵高去斥逐大臣，网罗私党。这样赵高又控制了外朝。

郎中令赵高肆虐，丞相李斯唯恐其后。他要讨二世欢心，上书请求行督责。所谓督责，就是建立一套特务政治，侦伺督察臣子的过失而处以刑罚。李斯的报告上去，秦二世十分高兴。于是在全国范围实施督责，又调集天下精兵五万屯驻咸阳。这样一来，凡是向人民收重税的人就是好官。路上的行人有一半是囚犯。死人的尸体每天成堆地列于街市，杀人多的叫忠臣。二世得意地说："像这样可以说是实行督责了吧！"

李斯阿谀二世，上书督责，结果进一步加重皇权。二世为傀儡，大权旁落于赵高，到头来加强了赵高的权力。督责增大一分，赵高权力上升一寸，李斯就走向死亡一步。宦官之得势，正是皇帝利用家奴与丞相和朝臣争权，可以说李斯陷入了自设的罗网。因此，李斯上书督责，赵高好不高兴，因而立即推行全国。

二世大权旁落赵高后，李斯不敌赵高，被赵高假二世之手诛杀。

李斯死后，赵高认为篡权时机已到，赵高试探群臣态度，他在朝堂上指鹿为马，迷惑二世，又考验大臣。附和指鹿为马的，赵高引为同党；实话实说的，赵高借故打击。二世迷惑不解，怀疑自己中了邪魔。赵高欺骗二世出京避邪，二世出居望夷宫。

赵高找来咸阳令女婿阎乐、郎中令弟弟赵成，三人密谋废秦二世，另立子婴为秦王。郎中令赵成护卫二世做内应，咸阳令阎乐领兵一千从外杀入，里应外合逼杀二世。赵高怕阎乐生二心，把他母亲劫持到相府软禁起来为人质。

计议已定，第二天，阎乐诈称起义军已入咸阳，他领兵增强二世的防卫，强行逼近望夷宫。护宫郎官、宦官阻拦，阎乐令兵士齐放乱箭。二世见乱起，逃入内室，一个小宦官追随。二世问："你知道叛乱吗？"小宦官说："知道。"二世说："为何不早报告？"小宦官说："早说了实话，人头早就搬家了。山东已叛乱了几年，大家都瞒着陛下，才活到了今天。"二世无言以对。

这时阎乐追了进来，对着二世称"足下"，迫令自杀，二世不肯，要求去当老百姓。阎乐说："臣受命于丞相，替天下人诛杀你这个无道之君，废话少说。"指挥兵士动手，秦二世不得已自杀。

这是赵高发动的第二次宫廷政变。这一次政变，也是赵高的大限。子婴即位秦王，诛杀了赵高全家。

子婴只称王四十六天，沛公刘邦就进兵咸阳，子婴不战投降。一个月以后，项羽入关，杀了秦王子婴，灭了秦室家族，火烧咸阳，还毁了骊山陵的建筑，盗掘始皇陵。

盛极一时的秦王朝，首都咸阳成了一片废墟，秦朝灭亡。

秦始皇本纪·二世

太子胡亥袭位，为二世皇帝。九月，葬始皇郦山[1]。始
<small>太子胡亥继位，这就是二世皇帝。九月，将秦始皇安葬在骊山陵。秦始皇刚即位的时候，就开挖骊</small>
皇初即位，穿治郦山，及并天下，天下徒送诣七十余万人，
<small>山建陵，等到统一天下，全国送到骊山的徭役和刑徒七十万人。墓穴深达三泉之下，灌浇铜水，然后才下</small>
穿三泉，下铜而致椁，宫观、百官、奇器、珍怪徙臧满之。
<small>椁于内，冢内建造了宫室亭阁，安置百官陶俑，陈设奇器珍宝，填满了墓坑。命令工匠装置了有自动机关</small>
令匠作机弩矢[2]，有所穿近者辄射之。以水银为百川江河大
<small>弩箭，如果有人掘墓靠近就要遭到射杀。用水银做成百川、长江、黄河、大海，用机械互相转动，永不停</small>
海，机相灌输，上具天文，下具地理。以人鱼膏为烛[3]，度
<small>息，墓坑顶上装饰成有日月星辰的天空，墓坑底部制成全国的地理图案。用娃娃鱼的油做烛，预计要燃很</small>
不灭者久之[4]。二世曰："先帝后宫[5]，非有子者，出焉不宜[6]。"
<small>长的时间。秦二世说："先帝后宫嫔妃中没有生过儿子的，嫁出宫去不合适。"让她们全都陪葬从殉，死</small>
皆令从死，死者甚众。葬既已下，或言工匠为机，臧皆知
<small>了很多的人。安葬已毕，有人说，工匠制作的机关，埋葬了多少东西，他们全都知道，埋葬的东西太多，</small>

---

1 郦山：指骊山陵。
2 机弩矢：由机械控制的弩矢。
3 以人鱼膏为烛：用人鱼脂肪做成燃烛。人鱼，即鲵，俗称娃娃鱼。膏，脂肪。
4 度（duó）：揣度，预计。
5 后宫：嫔妃所居之宫室，此处代指嫔妃。
6 出：放宫女出宫。

秦二世昏暴失国　　233

之，臧重即泄[1]。大事毕，已臧，闭中羡[2]，下外羡门，尽闭工
就容易泄露机密。葬礼仪式完成，陪葬的东西安妥帖，还没等工匠出来，就关闭了墓道的中门，放下外门，
匠臧者，无复出者。树草木以象山[3]。
把藏宝以及安置机关的工匠全都关闭在墓道里面，没有一个出来的。坟冢种上草木像一座山。

二世皇帝元年，年二十一。赵高为郎中令[4]，任用事。……二
二世皇帝元年，年仅二十一岁。赵高为郎中令，掌握国家大权。……二世和
世与赵高谋曰："朕年少，初即位，黔首未集附[5]，先帝巡行郡县，
赵高商议说："朕年轻，刚刚即位，百姓尚未顺从，先帝巡行郡县，显示威力，
以示强，威服海内。今晏然不巡行[6]，即见弱[7]，毋以臣畜天下[8]。"
镇服海内。而今朕安居不巡行，将要被看成软弱，就无法统治天下。"这年春上，
春，二世东行郡县，李斯从。到碣石，并海，南至会稽，而尽刻
二世向东巡行郡县，李斯随从。到达碣石，沿着东海行进，南下会稽，沿途在秦
始皇所立刻石，石旁著大臣从者名[9]，以章先帝成功盛德焉[10]。
始皇刻石的旁边刻上二世巡游，以及大臣随从者的名字，用来发扬先帝的成功盛德。

于是二世乃遵用赵高，申法令。乃阴与赵高谋曰："大
这时，秦二世就采用赵高的建议，申明法令。秦二世与赵高又暗中商议，说："大

1　臧重：陪葬品贵重。
2　羡：通"埏"。即墓中神道，有内、中、外三道门。
3　树：种植。
4　郎中令：九卿之一，掌护皇宫，统属诸郎。
5　集附：顺从。未集附即威望不高。
6　晏然：平静的样子。
7　见弱：被视为微弱。
8　臣畜：统治。
9　著（zhuó）：附着，增刻上。
10　先帝：指秦始皇。

臣不服，官吏尚强，及诸公子必与我争，为之奈何？"高曰：
臣没有心服，官吏控制的权力还强大，加上各位没当上皇帝的诸公子一定会和我争皇位，
"臣固愿言而未敢也。先帝之大臣，皆天下累世名贵人也，
出现了这种情况怎么办呢？"赵高说："臣早就想说这番话，但始终没敢说。先帝的大臣，
积功劳世以相传久矣。今高，素小贱，陛下幸称举，令在
都是天下接连几代有名望的贵人。世世代代积累了功劳相传袭很长时间了。今天赵高本是
上位，管中事。大臣鞅鞅，特以貌从臣，其心实不服。今
一个寒微低下的人，幸得陛下赏识抬举，让我居于高位，掌管宫廷中事。大臣们很不高兴，
上出，不因此时案郡县守尉有罪者诛之，上以振威天下，下
只是表面上顺从我，其实心中很不服气。现今皇上出巡，何不趁这时审查郡县守尉，把有
以除去上生平所不可者。今时不师文而决于武力，愿陛下遂
罪的诛杀，这样可以威震天下，可以除去皇上在平时讨厌的人。现今时势不能师法文治，
从时毋疑，即群臣不及谋。明主收举余民[1]，贱者贵之，贫者
而是决定于武力，希望皇上立即顺从时势，莫要迟疑，那么大臣就来不及反抗。英明的主
富之，远者近之，则上下集而国安矣。"二世曰："善。"乃
上收罗提拔其他人，地位卑贱的使他尊贵，使贫困的富裕，使疏远的亲近，那么上下归附
行诛大臣及诸公子，以罪过连逮少近官三郎，无得立者，而
而国家安定。"二世说："好。"就在巡行之间诛杀大臣和诸位皇子，用种种罪名株连逮
六公子戮死于杜[2]。公子将闾昆弟三人囚于内宫[3]，议其罪独后。
捕近侍小臣，如中郎、外郎、散郎等，没有一个得以幸免，并且把六位公子在杜地杀死。

1　余民：指未被秦始皇重用的遗民隐士。
2　六公子：二世的六个兄长。杜：秦县名，在今陕西省西安市长安区西南。
3　昆弟：兄弟，这里指将闾等三个同母兄弟。

二世使使令将闾曰："公子不臣[1]，罪当死，吏致法焉。"将闾
公子将闾兄弟三人被囚禁在内宫，判罪独在最后。二世派使者命令将闾说："公子未尽原职，

曰："阙廷之礼[2]，吾未尝敢不从宾赞也[3]；廊庙之位[4]，吾未尝敢
论罪当死。官吏将以法判决。"将闾说："宫廷的礼节从来不敢不服从；朝廷的位次，我

失节也；受命应对，吾未尝敢失辞也[5]。何谓不臣？愿闻罪而
不敢失掉礼节；奉命应答，我从不敢用错辞令，如何说我未尽原职，我请求知道罪名再死。"

死。"使者曰："臣不得与谋，奉书从事。"将闾乃仰天大呼
使者说："我没有参与定罪，只是尊奉诏书办事。"将闾就仰天大叫了三声说道："天啊！

天者三，曰："天乎！吾无罪！"昆弟三人皆流涕拔剑自杀。
我没有罪。"兄弟三人都痛哭流涕，拔剑自杀。皇室宗亲震惊恐惧。群臣劝谏的都被认为

宗室振恐。群臣谏者以为诽谤，大吏持禄取容，黔首振恐。
是诽谤，大官只求保住官禄而苟且偷生，百姓震动惊恐。

　　四月，二世还至咸阳，曰："先帝为咸阳朝廷小，故营阿
　　四月，二世回到咸阳说："先帝认为咸阳朝廷太小，因此营造阿房宫为殿堂。没有完工

房宫为室堂。未就[6]，会上崩，罢其作者，复土郦山。郦山事
就遇到始皇驾崩停止营建，把挖出的土又复还到骊山陵墓上。骊山的事完毕，现今放弃阿房宫

大毕，今释阿房宫弗就，则是章先帝举事过也。"复作阿房宫。
不修完，那么就是彰显先帝做事的过失。"便又重新营建阿房宫。对外安抚四方少数民族，依

---

1 不臣：未尽臣职，即不忠于君主。
2 阙廷：宫廷。
3 宾赞：掌司仪的官员。
4 廊庙：朝堂。
5 失辞：用错辞语。
6 未就：没有竣工。

外抚四夷，如始皇计。尽征其材士五万人为屯卫咸阳，令教
照始皇帝原先计划的那样。尽量征调那些强壮力士五万人，屯守保卫咸阳城，给他们教习射箭，

射，狗、马、禽兽当食者多，度不足，下调郡县。转输菽粟刍
狗、马、禽兽等这些消费的粮食很多，估计粮食不够，就从下边各郡县调征。所有运输粮食饲

藁，皆令自赍粮食，咸阳三百里内不得食其谷。用法益刻深。
料的人员都要自己携带口粮，在咸阳三百里之内不准就地取食。施行法律更加严厉苛刻。

七月，戍卒陈胜等反故荆地，为"张楚"。胜自立为楚
七月，戍卒陈胜在原来楚国的地方造反，号称"张楚"。陈胜自立为楚王，居守陈县，

王，居陈[1]，遣诸将徇地[2]。山东郡县少年苦秦吏[3]，皆杀其守、尉、
派遣诸位将领攻城略地。关东地区郡县的青年人苦于秦朝官吏，便杀掉郡守、郡尉、县令、

令、丞反[4]，以应陈涉，相立为侯王，合从西向，名为伐秦，不
县丞造反，来响应陈涉，争相立为侯王，联合兵力向西进军，号称讨秦的，不计其数。秦

可胜数也。谒者使东方来[5]，以反者闻二世。二世怒，下吏。
朝谒者从东方回来，把造反的事情告诉二世。二世发怒，把谒者下交官吏治罪。以后使者回

后使者至，上问，对曰："群盗，郡守、尉方逐捕，今尽得，
来，皇上询问，答说："一群盗贼、郡守、郡尉正在追赶捕获，现已全部抓到，不必担忧。"

不足忧。"上悦。武臣自立为赵王，魏咎为魏王，田儋为齐
皇上很高兴。武臣自立为赵王，魏咎自立为魏王，田儋自立为齐王。沛公起兵于沛，项梁在

王。沛公起沛，项梁举兵会稽郡。
会稽起兵。

---

1 居陈：在陈县建立了政权。陈，陈县，又为陈郡郡治，即今河南省周口市淮阳区。
2 徇（xùn）地：攻城略地。
3 山东：又称关东，指崤山、函谷关以东六国旧地。
4 守、尉、令、丞：郡守、郡尉、县令、县丞。
5 谒（yè）者：郎中令的属官，职掌传宣礼仪。

赵高说二世曰："先帝临制天下久，故群臣不敢为非，进
<small>赵高鼓动二世说："先帝统治天下很久，所以群臣不敢干坏事，进邪说。现在陛下年</small>
邪说。今陛下富于春秋¹，初即位，奈何与公卿廷决事？事即
<small>纪轻，刚刚即位，为何与公卿在朝廷上决定大事？处事如有差错，就是向群臣显示自己的短</small>
有误，示群臣短也。天子称朕，固不闻声。"于是，二世常居
<small>处。天子自称为朕，本来就是不听别人的意见。"因此二世经常居住在深宫，和赵高决定各</small>
禁中²，与高决诸事。其后公卿希得朝见，盗贼益多，而关中卒
<small>种政事。以后公卿很少能朝见二世。盗贼更加众多。而关中的士卒被征发向东抗击反叛的人</small>
发东击盗者毋已。右丞相去疾、左丞相斯、将军冯劫进谏曰：
<small>没有停止的时候。右丞相冯去疾、左丞相李斯、将军冯劫进谏说："关东的众多盗贼同时起来，</small>
"关东群盗并起，秦发兵诛击，所杀亡甚众，然犹不止。盗
<small>秦发兵征讨，所以死的很多，然而还是不能止息，盗贼多都是因为兵役、运输、建筑、劳役</small>
多，皆以戍漕转作事苦³，赋税大也。请且止阿房宫作者，减省
<small>太辛苦了，赋税太多。恳求暂且停止阿房宫的建造，减少四方边境的戍守和运输。"二世说：</small>
四边戍转。"二世曰："吾闻之韩子曰：'尧、舜采椽不刮，茅
<small>"我听说韩非说道：'尧、舜用栎木做椽子，不经砍削加工，用茅草盖房子不用剪裁，用瓦</small>
茨不翦⁴，饭土塯⁵，啜土形⁶，虽监门之养，不觳于此！禹凿龙门，
<small>盘盛饭，用瓦罐装水，即使是看门人的吃住也不至于简陋如此啊！禹开凿龙门，疏通大夏，</small>

---

1 富于春秋：年纪轻。
2 禁中：宫中。
3 戍漕转作：屯戍、水、陆运输、大兴土木。
4 茅茨（cī）不翦：用茅草盖房顶不加剪裁。翦，同"剪"。
5 饭土塯（liù）：用瓦盆盛饭。
6 啜（chuò）土形：用瓦罐盛饮料。土形，也作土铏。

通大夏，决河亭水[1]，放之海，身自持筑臿[2]，胫无毛[3]，臣虏之劳
开导淤积的黄河水，引水入海，亲自手拿挖土筑墙的工具，小腿汗毛被磨光，奴隶的辛苦也

不烈于此矣！'凡所为贵有天下者，得肆意极欲，主重明法，
不超过这样啊！'大凡贵有天下的人，能够随心所欲，为所欲为。在上的君主重在修明刑法，

下不敢为非，以制御海内矣。夫虞、夏之主，贵为天子，亲
在下的臣民就不敢乱来，用这个方法才可以统治天下。像虞夏的帝王，贵为天子，亲自去干

处穷苦之实，以徇百姓，尚何于法？朕尊万乘，毋其实，吾欲
极为艰苦的事，替百姓做牺牲，还有什么可以效法的呢？朕拥有大国之君的空名，而没有万

造千乘之驾，万乘之属，充吾号名。且先帝起诸侯，兼天下。
乘君主的实质，所以我想造千乘、万乘的车驾，符合我的名号。而且先帝起自诸侯，兼并拥

天下已定，外攘四夷以安边竟[4]，作宫室以章得意，而君观先帝
有天下。天下已经平定，对外抵御四方夷族，安抚了边境，才建造宫室来表达得意的心情，

功业有绪。今朕即位二年之间，群盗并起，君不能禁，又欲
而且你们也看到了先帝功业有了接替。现今朕在位二年之间，群盗并起，你们不能禁止，又

罢先帝之所为，是上毋以报先帝，次不为朕尽忠力，何以在
想废弃先帝所干的事，这是上不能报答先帝，下不能为朕尽忠尽力，凭什么占据官位？"把

位？"下去疾、斯、劫吏，案责他罪。去疾、劫曰："将相不
冯去疾、李斯、冯劫下交狱吏，用其他罪过判罪。冯去疾、冯劫说："将军，将相不能受辱。"

辱。"自杀。斯卒囚，就五刑。
就自杀了，李斯于是被囚禁受各种酷刑。

---

1 决河亭水：疏通壅积的黄河水。亭，通"渟"，水壅积不动。
2 筑臿（chā）：挖土筑墙的工具。
3 胫（jìng）无毛：常年辛劳苦，小腿汗毛部被磨光。
4 竟：通"境"。

高前数言"关东盗毋能为也",及项羽虏秦将王离等巨鹿
赵高以前多次说"关东的盗贼成不了事",等到项羽在巨鹿俘虏了秦将王离并向前
下而前,章邯等军数却,上书请益助,燕、赵、齐、楚、韩、
推进,章邯等军队节节败退,上书请求派兵援助,燕、赵、齐、楚、韩、魏都自立为王,
魏皆立为王,自关以东,大氐尽叛秦吏应诸侯[1],诸侯咸率其众
此时,函谷关以东大都背叛了秦朝官吏响应诸侯,诸侯都率领军队向西进攻。沛公率领的
西向,沛公将数万人已屠武关,使人私于高,高恐二世怒,诛
几万人已经屠灭了武关,派人私下和赵高谈判。赵高恐怕二世发怒,招来诛杀之祸,就称
及其身,乃谢病不朝见。二世梦白虎啮其左骖马,杀之,心
病不上朝。二世梦见白虎咬了他的左骖马,并咬死了马,心中不高兴,因奇怪而询问占梦者。
不乐,怪问占梦。卜曰:"泾水为祟。"二世乃斋于望夷宫[2],
卜辞说:"泾水神作怪。"二世就在望夷宫斋戒,打算祭祀泾水神,沉下四匹白马。派使
欲祠泾,沉四白马。使使责让高以盗贼事。高惧,乃阴与其
者因为盗贼的事情去指责赵高。赵高恐惧,就私下和他的女婿咸阳令阎乐,他的弟弟赵成
婿咸阳令阎乐、其弟赵成谋曰:"上不听谏,今事急,欲归祸
密谋说:"皇上不听从劝谏,现今事态危急,想要把灾祸归咎到我们家族。我想要更换天
于吾宗。吾欲易置上[3],更立公子婴。子婴仁俭,百姓皆载其
子改立公子婴。子婴仁爱俭约,百姓都相信他的话。"于是派郎中令做内应,谎称有大股
言[4]。"使郎中令为内应,诈为有大贼,令乐召吏发卒追,劫乐
贼兵,命令阎乐召集将吏发兵追捕,劫持阎乐的母亲安置在赵高官舍做人质,派阎乐

---

1 大氐:大都。氐,同"抵"。
2 望夷宫:秦别官名,故址在今陕西省泾阳县东南,临泾水,北望泾河平原,故称为望夷宫。夷,指泾河平原。
3 易置上:另换皇帝。
4 载:通"戴",拥护。

母置高舍。遣乐将吏、卒千余人至望夷宫殿门，缚卫令仆射，
率领将吏、兵卒一千多人到望夷殿门，逮捕了卫令仆射，说："盗贼进入此宫，为何

曰："贼入此，何不止？"卫令曰："周庐设卒甚谨，安得贼敢
不阻止？"卫令说："宫殿因墙外内值勤卫士十分严谨，盗贼如何敢进宫？"阎乐于

入宫？"乐遂斩卫令，直将吏入，行射[1]，郎、宦者大惊[2]，或走或
是斩杀卫令仆射，径直带兵进入，边走边射箭，郎官宦者大惊。有的逃跑，有的格斗，

格，格者辄死，死者数十人。郎中令与乐俱入，射上幄坐帏。
格斗的都被杀死，死了几十人。郎中令和阎乐一同入内，用箭射中二世的帷帐和坐帏。

秦二世想活命都难

1　行射：阎乐等入宫，见人即射杀。
2　郎：指在宫中的值勤郎官。

二世怒，召左右，左右皆惶扰不斗。旁有宦者一人，侍不敢
二世发怒，召唤近卫，近卫都恐慌不敢格斗。身边只有一个宦官侍从，不敢离开。二

去。二世入内，谓曰："公何不早告我？乃至于此！"宦者曰：
世进入寝宫对他说："你为什么不早告诉我？如何到这种地步！"宦者说："我不敢说，

"臣不敢言，故得全，使臣早言，皆已诛，安得至今？"阎乐
所以得到保全，假使我早说了，早已被杀了，怎么能活到今天？"阎乐上前当面数落

前即二世数曰："足下骄恣[1]，诛杀无道，天下共叛足下，足下其
二世说："你骄横放纵，随意诛杀，昏庸无道，天下人共同背叛你，你自己打主意吧！"

自为计。"二世曰："丞相可得见否？"乐曰："不可。"二世曰：
二世说："可不可以与丞相见一面？"阎乐说："不可以。"二世说："我愿得到一

"吾愿得一郡为王。"弗许。又曰："愿为万户侯。"弗许。曰：
个郡做郡王。"阎乐不同意。二世又说："愿意为万户侯。"阎乐也不同意。二世又说："愿

"愿与妻子为黔首，比诸公子。"阎乐曰："臣受命于丞相，为天
意和妻子当百姓，和诸位公子一样。"阎乐说："臣接受丞相的命令，为天下人诛杀足下，

下诛足下，足下虽多言，臣不敢报[2]。"麾其兵进。二世自杀。
足下虽请求很多，我不敢上报。"指挥他的兵卒进去。二世只好自杀了。

---

1 足下：同辈的敬称。此处阎乐不称秦二世为陛下，而称为"足下"，表示已不承认其为皇帝。

2 报：转达。

冒顿弑父自立单于

冒顿单于是西汉初年北方匈奴族的雄略首领。他第一次统一了匈奴各部，扩张部族，拥有漠北蒙古高原的广阔领土，东西万里，控弦之士三十万，成为西汉北方的劲敌。

匈奴族当时的社会还处于部族奴隶制阶段，国家制度及礼仪都还在草创之中，许多是约定俗成的习惯。即使这样，在争夺首领的斗争中也是十分残酷的，父子相拼，兄弟争斗的事也时有发生。冒顿单于就是弑父而自立的。

冒顿是头曼单于的太子。由于头曼爱小妃，小妃生少子，头曼想废冒顿而立少子，使出了借刀杀人之计。头曼派冒顿出使月氏，后面紧跟部队偷袭月氏，想借月氏人的手杀掉冒顿。冒顿偷了一匹快马逃了回来。匈奴人很迷信，冒顿大难不死，被认为神奇。头曼给了冒顿一万人，让他别屯。

冒顿训练敢死队，暗中计划杀死头曼。冒顿很有心计，他训练敢死队骑射绝技，要求百发百中，下了死命令，绝对服从指挥。冒顿手持鸣镝，就是响箭。响箭所指，就是目标。训练好后，先试行围猎，发现目标，冒顿响箭一出，众箭齐射。有的射手迟钝，没有射向目标，冒顿立即斩首示众，以儆效尤。接着又试射自己的坐骑，一匹千里马。有的射手又不敢射，冒顿又严惩不贷，再次申令，射手绝对服从响箭所指。

又一天，冒顿训练射手忽然把响箭射向自己的爱妻，身边的射手都不敢射，冒顿又立斩不贷，然后三令五申，战士的勇敢必须表现出果断意志，绝对服从响箭的指挥。

又一天出猎，冒顿的响箭突然射向头曼单于骑坐的千里马，众射手毫不迟疑齐嗖嗖地一枝又一枝射过去，千里马立毙。冒顿嘉奖了射手。他认为杀父的时机已到。找机会与头曼一起出猎，突然间冒顿的响箭射在头曼身上，众射手立即响应，头曼单于死于乱箭之下。冒顿自立为单于。

头曼单于被暗杀

匈奴列传

单于有太子名冒顿[1]。后有所爱阏氏[2],生少子,而单于欲
头曼单于立有太子名叫冒顿。后来头曼所宠爱的阏氏生了一个小儿子,就打
废冒顿而立少子,乃使冒顿质于月氏。冒顿既质于月氏,
算废冒顿而改立小儿子,便让冒顿到月氏那里当人质。冒顿已经在月氏当人质,而
而头曼急击月氏。月氏欲杀冒顿,冒顿盗其善马,骑之亡
头曼急攻月氏,月氏想杀害冒顿,冒顿偷了月氏的良马,骑着它逃归匈奴。头曼认
归。头曼以为壮,令将万骑[3]。冒顿乃作为鸣镝[4],习勒其骑
为冒顿勇敢有作为,让他统率一万骑兵。冒顿就制造了一种响箭,严格训练部队骑射,
射,令曰:"鸣镝所射而不悉射者,斩之。"行猎鸟兽,有不
下令说:"我的响箭射向什么目标而不跟着尽力发射的人,立即处斩。"冒顿猎鸟兽,
射鸣镝所射者,辄斩之。已而冒顿以鸣镝自射其善马,左
发现有不射向响箭所射目标的人,就杀掉他。不久,冒顿用响箭射自己的坐骑千里
右或不敢射者,冒顿立斩不射善马者。居顷之,复以鸣镝
马,部下有不敢跟着发射的,冒顿马上斩杀他们。过了些日子,冒顿又用响箭射自

---

1 冒顿(mòdú):单于名。秦二世元年(前209年),冒顿弑父自立。
2 阏氏(yānzhī):单于王后。
3 万骑:匈奴左右贤王至左右大当户皆统兵,或万骑,或数千骑,号"二十四长"。万骑,是匈奴计数骑兵的最高单位,领兵万骑称万骑长。
4 鸣镝:响箭。

自射其爱妻，左右或颇恐，不敢射，冒顿又复斩之。居顷
己的爱妻，手下人有的很害怕，不敢跟着射，冒顿又将他们杀了。又过了一段时间，

之，冒顿出猎，以鸣镝射单于善马，左右皆射之。于是冒
冒顿出去打猎，用响箭射头曼单于的坐骑良马，手下人都跟着发射。这时冒顿知道

顿知其左右皆可用。从其父单于头曼猎，以鸣镝射头曼，
他的部下都可以利用了。他找机会跟随父亲头曼单于出猎，突然用响箭射头曼，他

▲ 五代·胡瓌《卓歇图卷》局部

其左右亦皆随鸣镝而射杀单于头曼，遂尽诛其后母与弟及大

的部下也都跟着响箭发射的目标，射杀头曼单于，于是他杀尽后母、弟弟以及不听

臣不听从者。冒顿自立为单于。

命于他的大臣们。冒顿自己登位为单于。

骊姬欺骗申生（明内府彩绘本《春秋五霸七雄通俗演义列国志传》插图）

奸佞故事

五则

晋骊姬奸计除太子

春秋中叶，晋献公死后，晋国诸公子争位，大臣相倾，发生内乱，其祸根起于晋献公宠幸骊姬，害死了太子申生，所以这个故事叫骊姬乱晋，题为"晋骊姬奸计除太子"。

古代宗法制度，国君传位，立嫡不立庶，立长不立贤。因为嫡长子只有一个，而群公子有多个。晋献公就有八个儿子，太子申生只有一个。君位由申生继承，他是嫡长子，大家公认，名分既定，诸公子没有奢望，就不会生乱。骊姬为了让自己生的儿子奚齐继位，她就想方设法，要害死申生。诸公子中重耳、夷吾两人能干，各有一部分晋国大臣拥护，年龄又长，所以骊姬还要加害重耳、夷吾，这样就扩大了晋国统治阶层内部的矛盾。晋献公一死，晋国就立即爆发了内乱。旧时代史家总是称之为女祸，把责任全推给女人来承担，这当然是不对的。晋国内乱，晋献公好色乱了宗法制度，应负主要责任，骊姬专宠替自己儿子说话，完全可以理解。但骊姬为达此目的，千方百计祸害他人，是一个奸佞女人，对晋乱也要负重要责任，从奸佞角度，称为骊姬乱晋，也是完全站得住脚的。

故事且从头说起。春秋时期，晋国献公从贾国（今山西省襄汾县东）娶贾姬，无子。又在齐国娶齐姜，生秦穆公的夫人和太子申生。又在戎国娶回两个女子，大戎狐姬生重耳，小戎生夷吾。后来晋国攻打骊戎，骊戎国君将女儿骊姬和骊姬妹妹献给晋献公。骊姬妩媚妖艳，得到晋献公

申生进祭肉给晋献公（明内府彩绘本《春秋五霸七雄通俗演义列国志传》插图）

晋献公宠爱骊姬

的宠爱。晋献公十二年（前665年），骊姬生子奚齐，晋献公就打算改立太子，把申生、重耳、夷吾三个贤能公子赶出国都去，让申生居曲沃，重耳守蒲城，夷吾守屈城。随着奚齐一天天长大，骊姬日益不安，她表面上称赞太子，暗地使人说太子坏话，处心积虑加害太子，必置之死地才放心。晋献公二十一年（前656年），太子申生来朝，骊姬抓住机会陷害太子。她笑容满面地对太子说："国君梦见你母亲齐姜，赶快去祭祀你的母亲吧！"申生便到曲沃祭母。祭毕，将祭肉献给献公享用。按《周礼》规定，臣下有祭礼，一定要把祭肉献给国君享用。正好晋献公外出打猎，骊姬便将肉放在宫中。过了两天，晋献公打猎回来，骊姬便在肉中放了毒药，献给献公。献公正要举筷吃肉，骊姬假意说："肉从外面来，试一试才可放心食用。"晋献公便用酒浸肉，洒在地上，地上便隆起一个土包；

喂肉给狗吃，狗就死了；给小臣吃，小臣也死了。骊姬哭着说："谋害你的一定是太子。天啊，国家迟早是你的国家，为什么急着要做国君呢？"晋献公叹息说："我同你是父子，没有仇恨，为什么要对我下毒手？"太子申生便逃到新城，晋献公杀了他的师傅杜原款。有人对申生说："这件事你一定要辩白清楚。"申生说："国君没有骊姬，居不安，食不饱。我如果去辩白，骊姬一定有罪。国君年纪已经老了，失去骊姬，就不快乐。国君不快乐，我也不快乐。"有人对申生说："你离开晋国吧！"申生说："国君实在不了解情况，但杀父的恶名已经传出去了，谁还肯接纳我？"十二月戊申，便在新城自缢而死。

骊姬除掉太子以后，便诽谤重耳和夷吾二位公子，造谣说太子杀父亲的阴谋，他们是参与的。晋献公便派寺人勃鞮到蒲城去杀重耳。蒲城的人感到重耳蒙冤，便愿意协助他抵抗。重耳说："君父的命令不能违抗。"便发布命令说："谁要是抵抗，就是我的仇人。"这时勃鞮快马加鞭地赶到了蒲城，重耳措手不及，只好爬上围墙出逃，勃鞮赶上去，一刀砍来，砍掉了重耳一只袖口。现在山西隰县还有"斩祛垣"地方，留有勃鞮斩晋文公袖口的遗址。重耳逃到狄国，晋献公派兵攻打狄国，重耳被迫出走列国，从此开始了长达十九年的流亡生活。夷吾在屈城，遭到晋献公攻击，就逃到梁国，靠近秦国，得到了秦国的保护，骊姬无可奈何。

晋献公临死，把骊姬之子托付给晋大夫荀息，要荀息誓死保卫奚齐，荀息答应了。晋献公死，荀息立奚齐为晋君。申生、重耳、夷吾三公子的党徒怀恨奚齐，在晋大夫里克率领下杀死奚齐，这时晋献公还没有安葬。荀息又拥立悼子为晋君，然后发丧安葬晋献公。不久，里克又杀死悼子以及荀息，还请夷吾回国立为晋君，即晋惠公。晋惠公死后，太子圉立为晋君,即晋怀公。此时重耳流亡十九年,在秦穆公支持下回到晋国,晋人杀怀公立重耳为晋君,这就是晋文公。晋文公长期流亡国外,备尝艰难险阻,励精图治,晋国富强,成为春秋五霸之一,这时晋国才又安定下来。

晋世家

（晋献公）五年[1]，伐骊戎，得骊姬、骊姬弟，俱爱幸之。
晋献公五年，攻打骊戎，得到骊姬及其妹妹，两姐妹都受到晋献公的宠爱。

十二年，骊姬生奚齐。献公有意废太子，乃曰："曲沃吾
献公十二年（前665年），骊姬生了儿子奚齐。晋献公因此准备废掉太子，故意说：

先祖宗庙所在，而蒲边秦，屈边翟，不使诸子居之，我惧焉。"
"曲沃是我祖先宗庙的所在地，而蒲邑又邻近秦国，屈邑靠近翟人，如果不派公子们

于是使太子申生居曲沃，公子重耳居蒲，公子夷吾居屈。献
去守卫，我怕会出什么意外。"于是派太子申生居守曲沃，公子重耳居守蒲邑，公子

公与骊姬子奚齐居绛。晋国以此知太子不立也。太子申生，
夷吾居守屈邑。晋献公与骊姬的儿子奚齐却居守京城绛。晋国人因此知道太子申生不

其母齐桓公女也，曰齐姜，早死。申生同母女弟为秦穆公夫
能继位了。太子申生的母亲，是齐桓公的女儿，叫齐姜，很早就死了。申生的同胞妹妹，

人。重耳母，翟之狐氏女也。夷吾母，重耳母女弟也。献公
做了秦穆公夫人。重耳的母亲，是翟国狐氏家的姑娘。夷吾的母亲，是重耳母亲的妹妹。

子八人，而太子申生、重耳、夷吾皆有贤行。及得骊姬，乃
晋献公有八个儿子，太子申生和公子重耳、夷吾都是有才有德的人。献公自从有了骊姬，

远此三子。
就开始疏远这三个儿子了。

---

1 晋献公五年：公元前672年。

十九年……献公私谓骊姬曰："吾欲废太子，以奚齐代
晋献公十九年（前658年），献公私下对骊姬说："我想废掉太子申生，让你的儿子奚
之。"骊姬泣曰："太子之立，诸侯皆已知之，而数将兵，百
齐代替。"骊姬哭着说："申生立为太子，诸侯都早已知道了，而且太子经常领兵打仗，老百
姓附之，奈何以贱妾之故废嫡立庶？君必行之，妾自杀也。"
姓都拥护他，怎么能因为我的缘故而废嫡立庶呢？君王如果一定要这样做，那我只好自杀了。"
骊姬佯誉太子，而阴令人谮恶太子，而欲立其子。
骊姬表面上赞扬太子，而暗中却使人逸毁太子，想立她自己的儿子奚齐。

二十一年，骊姬谓太子曰："君梦见齐姜，太子速祭曲沃，
献公二十一年（前656年），骊姬对太子申生说："君王梦见你母亲齐姜了，你赶紧到曲沃
归釐于君。"太子于是祭其母齐姜于曲沃，上其荐胙于献公。
去拜祭你母亲，然后把祭肉送给你父亲。"太子申生因此到曲沃祭生母齐姜，并把祭肉进献给献公。
献公时出猎，置胙于宫中。骊姬使人置毒药胙中。居二日，
当时晋献公正在打猎，就把祭肉放在了宫中。骊姬派人把毒药弄在了祭肉上。两天以后，献公打猎回来，
献公从猎来还，宰人上胙献公，献公欲享之[1]。骊姬从旁止之，
厨师把祭肉拿给了献公，献公就准备享用。骊姬在旁边阻止说："肉从老远的地方拿来，应先试一下
曰："胙所从来远，宜试之。"祭地，地坟[2]；与犬，犬死；与小
有没有问题。"于是以酒洗肉祭地，地上突然隆起了像坟一样的堆土；又把肉给狗吃，狗吃了肉就死了；
臣，小臣死。骊姬泣曰："太子何忍也！其父而欲弑代之，况
再把肉给宫中小宦官吃，小宦官也死了。骊姬便大哭着说："太子多么残忍啊！连自己的父亲都想杀
他人乎？且君老矣，旦暮之人，曾不能待而欲弑之！"谓献公
掉取而代之，更何况他人呢？再说君王年岁也大了，早晚快死的人了，都等待不住，迫不及待地想加

---

1 享：食用。
2 地坟：土突起如坟状。

曰："太子所以然者，不过以妾及奚齐之故。妾愿子母辟之他
以杀害！"又对晋献公说："太子之所以这样做，都是因为我和奚齐的缘故。我情愿母子都逃避到人

国，若早自杀，毋徒使母子为太子所鱼肉也[1]。始君欲废之，妾
家的国家中去，或者早点自杀，不要轻易地让我们母子两人被太子当作鱼肉一样宰割。当初君王你想

犹恨之；至于今，妾殊自失于此。"太子闻之，奔新城[2]。献公
废掉太子，我还不肯；到今天才知道，我反对你废掉太子是大错特错了。"太子申生知道事已至此，

怒，乃诛其傅杜原款。或谓太子曰："为此药者乃骊姬也，太
就逃回了新城曲沃。献公十分恼怒，就先杀了太子申生的老师杜原款。这时，有人对太子申生说："下

子何不自辞明之？"太子曰：吾君老矣，非骊姬，寝不安，食
毒药的人就是骊姬，太子为什么不亲自去说明清楚呢？"太子申生说："我父亲年纪大了，如果失去骊姬，

不甘。即辞之，君且怒之。不可。"或谓太子曰："可奔他
会睡不好觉，吃不下饭。即使解释清楚了，父王仍然会不高兴的。还是不说为好。"又有人建议太子

国。"太子曰："被此恶名以出，人谁内我？我自杀耳。"十二
申生说："可以先逃到其他国家去。"太子申生说："带着这样大的恶名逃跑，谁还会肯收留我呢？

月戊申，申生自杀于新城。
我自杀算了。"到十二月戊申这一天，太子果然在新城自杀。

此时重耳、夷吾来朝。人或告骊姬曰："二公子怨骊
这时，公子重耳和夷吾兄弟刚好回京城拜见晋献公。有人就向骊姬打小报告说："这两位公

姬谮杀太子。"骊姬恐，因谮二公子："申生之药胙，二
子都埋怨你进谗言害死了太子。"骊姬害怕事情有变，就在献公面前造谣说："太子申生在肉里下

公子知之。"二子闻之，恐，重耳走蒲，夷吾走屈，保其
毒的事，重耳和夷吾两位公子都知情。"两位公子听到流言，十分恐惧，重耳马上逃回蒲邑，夷吾

---

1 毋徒：平白地，轻易地。
2 新城：即曲沃，太子新筑之城。

> 公子，快回去吧！

> 这后妈还真狠啊！

重耳对骊姬产生警觉

城，自备守。初，献公使士蒍为二公子筑蒲、屈城，弗
也逃回屈邑，他们保卫自己的城池，守备很严密。起初，献公派士蒍替重耳和夷吾修筑蒲城与屈城，

就。夷吾以告公，公怒士蒍。士蒍谢曰："边城少寇，
没有完成。夷吾就向献公告状，献公因此对士蒍很生气。士蒍谢罪说："边城没什么敌人，哪里用

安用之？"退而歌曰："狐裘蒙茸，一国三公，吾谁适
得着城墙？"退朝以后又歌唱说："狐裘之毛，乱七八糟，一国三主，我该听从谁？"最后还是把

从！"卒就城。及申生死，二子亦归保其城。
城墙修好。等到太子申生死了以后，重耳和夷吾也回到自己的封城自保。

二十二年，献公怒二子不辞而去，果有谋矣，乃使兵伐
二十二年（前655年），晋献公对重耳、夷吾的不辞而别很生气，觉得他们果然有阴谋，就

蒲。蒲人之宦者勃鞮命重耳促自杀[1]，重耳逾垣，宦者追斩其衣
派兵攻打蒲城。在京城做宦官的蒲城人勃鞮命令重耳快点自杀，重耳却翻过墙头逃跑，宦官勃鞮追上

袪[2]。重耳遂奔翟。使人伐屈，屈城守，不可下。
来砍断了重耳的衣袖。重耳脱险后逃到了翟国。晋献公又派攻打屈城，屈城守得很牢，没有攻下来。

二十三年，献公遂发贾华等伐屈，屈溃。夷吾将奔翟。
二十三年，晋献公又派贾华等人去攻打屈邑，屈邑一败涂地。夷吾准备逃往翟国。大夫冀芮劝阻说：

冀芮[3]曰："不可，重耳已在矣，今往，晋必移兵伐翟，翟畏
"不行，重耳已经在那里了，如今再去，晋国一定会调动部队去攻打翟国，翟国害怕晋国，灾祸就会落

晋，祸且及。不如走梁[4]，梁近于秦，秦强，吾君百岁后可以求
到我们身上。不如先逃到梁国，梁国与秦国比较近，秦国又是强国，等君王死了以后，我们可以请他帮

入焉。"遂奔梁。二十五年，晋伐翟，翟以重耳故，亦击晋于
忙返回晋国。"于是就逃往梁国。献公二十五年，晋国攻打翟国，翟国为重耳的缘故，也在啮桑奋力抗

啮桑[5]，晋兵解而去。
击晋军，晋军只好撤退回去。

当此时，晋强，西有河西，与秦接境，北边翟，东至河内。
这时候，晋国的势力已很强大，西边有黄河，又与秦国接壤，北边是翟国，东边到达河内，疆土非常辽阔。

骊姬弟生悼子[6]。
这期间，骊姬的妹妹生了个儿子，叫悼子。

---

1 宦者勃鞮：《左传》作"寺人披"。寺人，即宦者。披，勃鞮之合音。
2 斩其衣袪（qū）：勃追杀重耳，重耳已逾墙，勃断其衣袖。袪，衣袖。
3 冀芮：晋大夫郤芮，食邑于冀，称冀芮。郤，为芮先人食邑，以邑为氏。
4 梁：古曰少梁，国名，在陕西省韩城市南二十里。
5 啮桑：《左传》作"采桑"，在山西省乡宁县西临河处。
6 弟：女弟，妹。

重耳出逃到狄国（明内府彩绘本《春秋五霸七雄通俗演义列国志传》插图）

二十六年夏，齐桓公大会诸侯于葵丘。晋献公病，行后，
献公二十六年（前651年）夏天，齐桓公在葵丘大会诸侯。晋献公因为有病，动作比较慢，
未至，逢周之宰孔。宰孔曰："齐桓公益骄，不务德而务远
还没到会盟的地方，路上碰到了周天子的代表宰孔。宰孔对献公说："齐桓公越来越骄横了，不讲
略，诸侯弗平。君弟毋会，毋如晋何。"献公亦病，复还归。
德政而一味追究征伐远略，诸侯心里都不服气。你大可不必与会，他对晋国也没办法。"晋献公也
病甚，乃谓荀息曰："吾以奚齐为后，年少，诸大臣不服，恐
病得厉害，就打道回府了。不久，献公病得更厉害了，就对荀息说："我准备让奚齐做继承人，可
乱起，子能立之乎？"荀息曰："能。"献公曰："何以为验？"
是他还太小，诸大臣恐怕会不服，担心造成混乱，你是否能辅佐他？"荀息回答说："可以。"献
对曰："使死者复生，生者不惭，为之验。"于是遂属奚齐于荀
公又说："你拿什么证明呢？"荀息坚定地说："即使你死而复生，我也不会有愧，我就以这颗忠
息。荀息为相，主国政。秋九月，献公卒。里克、邳郑欲内
心为证明。"于是献公就把奚齐托给了荀息。荀息当时是宰相，主持国家大事。到了秋天九月，晋
重耳，以三公子之徒作乱[1]，谓荀息曰："三怨将起，秦、晋辅
献公就病死了。这时，里克和邳郑打算接重耳回国，正好申生、重耳、夷吾三位公子的党羽发动叛乱，
之，子将何如？"荀息曰："吾不可负先君言。"十月，里克杀
里克就对荀息说："三位公子的争夺将要开始了，秦国和晋国各有所辅，你准备怎么办？"荀息说："我
奚齐于丧次，献公未葬也。荀息将死之，或曰不如立奚齐弟
不能违背对先君的诺言。"到了十月，里克就把奚齐杀死在丧所，当时晋献公还未下葬。荀息也想
悼子而傅之，荀息立悼子而葬献公。十一月，里克弑悼子于
以身殉难，有人建议他不如拥立奚齐的弟弟悼子，并加以辅助，于是荀息就立了悼子，安葬晋献公。

1　三公子之徒：申生、重耳、夷吾之党与。

朝，荀息死之。君子曰："《诗》所谓'白珪之玷，犹可磨也。
十一月，里克在朝堂上杀了悼子，荀息也死了。君子说："《诗经·大雅·抑》篇所说的'白玉有

斯言之玷，不可为也'，其荀息之谓乎！不负其言。"初，献
了污点，还可磨去，如果言论有错误，就不好办了'的话，好像就是对荀息说的。他没有违背诺言。"

公将伐骊戎，卜曰"齿牙为祸[1]"。及破骊戎，获骊姬，爱之，
起初，献公准备攻打骊戎，占卜的人说："将有谗言为祸。"等到打败骊戎，获得骊姬，由于过分宠爱，

竟以乱晋。
竟然因此扰乱了晋国。

1　齿牙为祸：祸生于口齿间，即谗言为祸。

费无忌专宠移花接木

费无忌是春秋中叶楚国的大夫。他生性嫉贤妒能，专事逢迎。楚平王生性阴险，喜欢被逢迎，又好色无已。楚平王的太子名建，有两个师傅。太傅是伍奢，楚国的名臣，忠贞耿直，指导太子读书，学习治国之术，少傅费无忌，指导太子学习礼仪典章。费无忌不满意做伍奢的副手居少傅之职，他逢迎太子，挑拨太子与伍奢的关系，阴谋未逞，转而陷害太子，逢迎楚平王。

机会终于来了。楚平王即位的第二年（前527年），平王为太子建娶秦国之女。费无忌奉命迎亲，他见秦女美丽绝伦，立刻起了邪念。快回到楚国都城时，他安排迎亲队伍慢行，自己借口向楚平王报告，快马入都，向楚平王献计，自娶秦女。费无忌抓住楚平王好色的弱点，献上这荒唐之计，居然为楚平王采纳。这样楚平王就娶了秦女，后来生子名珍，继位为楚王，这就是楚昭王。

太子建空喜一场，娶妇不成，反而遭忌。楚平王夺了儿子的所爱，也愧对儿子，加上费无忌挑拨，父子日益疏远。楚平王六年，贬太子建到边邑戍守，接着费无忌又进谗诬陷伍奢。费无忌说，太子建失妇怨恨，伍奢图谋不轨，劝楚平王诛杀太子建和伍奢，以除后患。楚平王被费无忌牵着鼻子走，到了这步，他觉得也只能如此了。于是横下心来，诛杀了伍奢和他的大儿子伍尚。伍奢次子伍员与太子建逃出楚国避难。伍员发誓要替

伍子胥鞭尸

父兄报仇,颠覆楚国。伍员出逃这一年是楚平王六年（前523年）。

楚平王十三年（前516年）死,太子珍立,是为楚昭王。费无忌民愤极大,被楚昭王诛杀。奸人处心积虑,到头来身首异处。

楚昭王十年（前506年）,伍员果然率领吴兵打回楚国,破了楚都。

伍员挖开了楚平王墓，鞭尸三百以雪恨。秦兵救楚，吴兵败退。楚国差点灭亡。

伍员，字子胥。伍子胥从出逃到破国鞭尸，前后十五年。"君子报仇，十年不晚"，说的就是伍子胥吧！

楚世家

平王二年，使费无忌如秦为太子建取妇。妇好，来，未
平王二年（前527年），楚国派费无忌出使到秦国替太子建娶媳妇。这个媳妇美如天仙，来楚国时，
至，无忌先归，说平王曰："秦女好，可自娶，为太子更求。"
走到半路上，费无忌先回到国都，建议平王说："秦国姑娘美丽极了，可以留下来自己娶，为太子另外
平王听之，卒自娶秦女，生熊珍。更为太子娶。是时伍奢为
再找一个。"平王听从了无忌的话，终于自己娶了秦国姑娘，后来生了儿子熊珍。同时为太子另娶了一个。
太子太傅，无忌为少傅。无忌无宠于太子，常谗恶太子建，
这时，伍奢做太子太傅，费无忌做太子少傅。费无忌不受太子喜欢，经常在背后说太子建的坏话，太子
建时年十五矣，其母蔡女也，无宠于王，王稍益疏外建也。
建当时十五岁，他的母亲是蔡国人，得不到平王的宠爱，所以平王也越来越疏远太子建。
六年，使太子建居城父，守边。无忌又日夜谗太子建于
平王六年（前523年），派太子建到城父，防守边境。这时，费无忌又夜以继日地在平王面前
王曰："自无忌入秦女，太子怨，亦不能无望[1]于王，王少自
谗毁太子建，说："自从我进献了秦国姑娘，太子就怀恨在心，对大王也不是没有怨望，大王应该稍加
备焉！且太子居城父，擅兵，外交诸侯，且欲入矣！"平王
防备啊！况且太子居守在城父，掌握着军队，同诸侯也有交往，恐怕想进入都城呢！"平王因此召见太
召其傅伍奢责之。伍奢知无忌谗，乃曰："王奈何以小臣疏骨
子太傅伍奢，加以责备。伍奢知道这是费无忌在使坏，就说："大王怎么能听信小臣的话而疏远了亲骨肉？"

---

[1] 望：怨望。

肉？"无忌曰："今不制，后悔也。"于是王遂囚伍奢。乃令
费无忌又说："如今不采取措施，今后一定会后悔的。"于是平王就囚禁了伍奢。又派司马奋扬去城父

司马奋扬召太子建，欲诛之。太子闻之，亡奔宋。
召回太子建，准备加以杀害。太子建得到消息，就逃到了宋国。

无忌曰："伍奢有二子，不杀者为楚国患。盍以免其父召
费无忌说："伍奢有两个儿子，不杀掉他们会成为楚国的祸害。何不以赦免其父为钓饵，骗召他

之，必至。"于是王使使谓奢："能致二子则生，不能将死。"
的两个儿子，他们一定会来的。"于是平王派人对伍奢说："能把你的两个儿子叫来就饶你一命，否则

奢曰："尚至，胥不至。"王曰："何也？"奢曰："尚之为人，
将被处死。"伍奢说："伍尚会来，伍子胥是不会来的。"平王说："为什么呢？"伍奢说："伍尚的

廉，死节，慈孝而仁，闻召而免父，必至，不顾其死。胥之
为人，正廉，肯舍身求义，性情慈孝仁爱，听说奉命前来可使父亲免遭于难，一定会不顾生死地过来。

为人，智而好谋，勇而矜功，知来必死，必不来。然为楚国
伍子胥的为人，有智有谋，尚勇喜功，知道来了一定会死，一定不肯来。然而给楚国留下忧患的，一定

忧者必此子。"于是王使人召之，曰："来，吾免尔父。"伍尚
是这个儿子。"于是平王派人去召见伍尚、伍子胥，说："你们来，可以免你们父亲一死。"伍尚对伍

谓伍胥曰："闻父免而莫奔，不孝也；父戮莫报，无谋也；度
子胥说："听到父亲可以免死而不赶紧奔赴，这是不孝；如果父亲被杀而不能报仇，这是无谋；能够正

能任事，知也。子其行矣，我其归死。"伍尚遂归。伍胥弯弓
确估计形势担负大事的，这才算聪明。你逃走吧，我去受死。"伍尚就上路去见父亲。伍子胥却拉满弓，

属矢[1]，出见使者，曰："父有罪，何以召其子为？"将射，使者
搭上箭，出门会见使者，说："父亲有罪，召儿子去干什么？"说着就要用箭射使者，使者转身就跑，

---

1 弯弓属矢：拉满弓，搭上箭。

还走，遂出奔吴。伍奢闻之，曰："胥亡，楚国危哉。"楚人
伍子胥于是出奔到了吴国。伍奢知道后，说："伍子胥逃走，楚国危险了。"楚平王最终还是杀了伍奢

遂杀伍奢及尚。
及其子伍尚。

十三年，平王卒。……乃立太子珍，是为昭王。
楚平王十三年（前516年）死。……于是太子珍继位，这就是楚昭王。

昭王元年，楚众不说费无忌，以其谗亡太子建，杀伍奢
昭王元年（前515年），楚国朝野上下都讨厌费无忌，因为他进谗言使太子建流亡在外，又害

子父与郤宛。宛之宗姓伯氏子嚭及子胥皆奔吴，吴兵数侵楚，
死了伍奢、伍尚父子及郤宛。郤宛的宗族伯氏的儿子伯嚭及伍子胥都逃亡在吴国，吴国的军队多次侵犯

楚人怨无忌甚。楚令尹子常诛无忌以说众，众乃喜。
楚国，楚国人因此更加怨恨费无忌。楚国令尹子常诛杀了费无忌，大家非常高兴。

十年冬……吴兵遂入郢，辱平王之墓，以伍子胥故也。
楚昭王十年（前506年）……吴兵攻破楚都郢，挖了楚平王的墓，这是为了替伍子胥报仇啊。

李园奸诈春申君丧命

春申君黄歇，战国四公子之一。青年、中年时代的春申君有过辉煌的业绩，他为楚相二十五年，一度合纵伐楚，是叱咤风云的人物，名声震诸侯。晚年则昏耗，贪位丧身，被奸人所害，是四公子中最不幸的。这篇故事讲春申君之死，足可为贪权固位者戒！

春申君博闻强记，很有口才。他青年时事楚顷襄王，正值楚国危难之秋。秦兵攻破楚都，楚国西部国土沦陷于秦。楚顷襄王东迁到陈县，派黄歇入秦，两国交好罢战。黄歇说秦昭王，使秦昭王改变战略，南联楚，东攻三晋，使楚国获得了喘息机会。接着黄歇奉太子熊完入质于秦。公元263年，顷襄王死，黄歇用计使太子逃离秦国，归楚即位，这就是楚考烈王。从此黄歇为相，执楚政二十五年。春申君北救赵，东灭鲁，西伐秦，干出了一番轰轰烈烈的成绩。这是中年的黄歇。

随着楚考烈王的年事增高，春申君自己也步入了老年，已无进取锐气，整日盘算的是如何保住权位、聚敛财物了。楚考烈王无子，百年之后王位必由考烈王的兄弟继承，这些王室子弟与春申君有矛盾，春申君自然不肯。春申君广求淑女纳入王宫，始终无子。原来楚考烈王有暗疾，不能生育。这时赵人李园带着妹妹来到楚国，进行政治投机。李园奸诈异常。他利用春申君好色的弱点，将妹妹献给春申君为妾，不久有了身孕。此时春申君已老迈，这身孕就说不清了。接着李园献计春申君，让

春申君同意李园荒唐的计谋

春申君献有身孕的妹妹给楚考烈王,一旦生子继承王位,岂不是春申君的儿子当楚王?如此荒唐奸计,春申君竟欣然接受,献李园妹于楚考烈王。十月临盆,还真生了个男孩,李园妹立为王后,其子立为太子。

春申君有一个得力的门客叫朱英。他知道了李园的计划,便观察李园的为人,见其奸诈凶狠,发现李园暗中养了一批刺客,等待机会刺杀春申君灭口,消灭政敌。朱英向春申君报告,并提出自己进入楚王宫为警卫,提防李园与其妹楚王后串谋,在楚考烈王死后夺权。春申君不听,他认为李园一个外来人,投靠在自己门下,难道还翻了天不成?朱英见春申君已老迈糊涂,听不进劝告,又见楚王病重,为祸不远,自己不愿陪伴春申君殉葬,便打点行装离开了楚国。

朱英走后十七天,楚考烈王病死。果然如朱英所料,李园抢先入宫,埋伏武士。春申君入宫吊唁，刚入棘门（一个宫城名），就被刺客杀死，把头割下来扔出棘门。接着李园派人抄斩了春申君全家。

这一年秦国也发生了宫廷政变，秦王嬴政诛杀了作乱的嫪毐。秦国是秦王取胜，诛了奸人嫪毐；楚国是奸人李园得计，老臣春申君丢了头，楚王后嗣暗中变了姓。两相对照，楚国政治的腐败十分鲜明。

春申君不听门客朱英的警告

春申君列传

春申君者，楚人也，名歇，姓黄氏。游学博闻，事楚顷襄王。
春申君是楚国人，姓黄名歇。他游学诸侯，知识渊博，事奉楚顷襄王。

楚使歇与太子完入质于秦，秦留之数年。
楚顷襄王派黄歇与太子熊完出使秦国作人质，秦国扣留他们好几年。

楚顷襄王卒，太子完立，是为考烈王。考烈王元年，以黄歇为相，封为春申君，赐淮北地十二县。后十五岁，黄歇言之楚王曰："淮北地边齐，其事急，请以为郡便。"因并献淮北十二县，请封于江东。考烈王许之。春申君因城故吴墟[1]，以自为都邑。
楚顷襄王死后，太子熊完继位，这就是考烈王。考烈王元年（前262年），任命黄歇为国相，封为春申君，赐给了他淮河以北的十二个县作为领地。过了十五年，黄歇对楚王说："淮河以北的地区离齐国太近，常有紧急情况发生，还是把那里改为郡县比较方便。"于是黄歇就把淮河以北的十二个县还给了楚王，请求改封在江东，考烈王同意了。于是春申君就在当年吴国首都的旧址上，筑起了自己的都城。

春申君既相楚，是时齐有孟尝君，赵有平原君，魏有信陵君，方争下士，招致宾客，以相倾夺，辅国持权[2]。
在春申君作楚国国相的时候，这时齐国有孟尝君，赵国有平原君，魏国有信陵君，大家都争着礼贤下士，招揽宾客，以此来争强斗胜，他们都分别掌握着各自国家的政权。

---

1 城故吴墟：在吴国故都废墟上筑城。勾践灭吴，毁了吴都。吴，在今苏州市。
2 持权：专国政。

春申君为楚相四年，秦破赵之长平军四十余万。五年，
_{春申君做楚国国相的第四年，秦国在长平消灭了赵国军队四十多万。第五年，秦军包}
围邯郸。邯郸告急于楚，楚使春申君将兵往救之，秦兵亦去，
_{围了邯郸。邯郸向楚国告急，楚国派春申君带兵前往援救，这时秦军自己撤走了，于是春申}
春申君归。春申君相楚八年，为楚北伐灭鲁，以荀卿为兰陵
_{君顺利而回。春申君做楚国国相的第八年，率军北伐，灭掉了鲁国，又任命荀卿做了兰陵县}
令[1]。当是时，楚复强。
_{令。一时之间，楚国又强大起来了。}

春申君相二十二年，诸侯患秦攻伐无已时，乃相与合从，
_{春申君做楚国宰相的第二十二年，东方各国害怕秦国对它们的攻伐没完没了，于是就联合起来，}
西伐秦，而楚王为从长，春申君用事。至函谷关，秦出兵攻，
_{共同伐秦，考烈王为盟军的最高首脑，春申君负责具体事务。待至六国联军前进到函谷关，秦国出兵}
诸侯兵皆败走。楚考烈王以咎春申君，春申君以此益疏。
_{迎战时，各国的军队都一哄而散，逃走了。考烈王以此指责春申君，春申君从此被楚王渐渐疏远。}

楚考烈王无子，春申君患之，求妇人宜子者进之，甚
_{考烈王至今还没有儿子，春申君很为此着急，于是就找了不少适合生育的女子送给他，结果都}
众，卒无子。赵人李园持其女弟[2]，欲进之楚王。闻其不宜
_{还是不行。这时赵国的李园带着他的妹妹来了，想把她送给楚王。后来听说楚王不能生孩子，他怕他}
子，恐久毋宠，李园求事春申君为舍人。已而谒归，故失
_{的妹妹失宠，于是他就去请求做春申君的门客。不久，他请假回家，故意晚回来了几天。李园回报春}
期。还谒，春申君问之状，对曰："齐王使使求臣之女弟，
_{申君，春申君问他为什么晚回来，李园说："齐王派人来向我的妹妹求婚，我陪着齐王的使者喝酒，}

---

1 兰陵：在今山东省枣庄市峄城区东。
2 李园弟：李园妹名环。

与其使者饮，故失期。"春申君曰："娉入乎[1]？"对曰："未
所以来晚了。"春申君说："齐王下聘礼了吗？"李园说："没有。"春申君说："我可以见你妹妹
也。"春申君曰："可得见乎？"曰："可。"于是李园乃进其
吗？"李园说："可以。"于是李园就把他的妹妹献给了春申君，结果很快就受到了春申君的宠爱。
女弟，即幸于春申君。知其有身，李园乃与其女弟谋。园
后来李园知道他的妹妹已经怀孕，就和她商量了一个计策。而后李园的妹妹就找机会对春申君说："楚
女弟承间以说春申君曰："楚王之贵幸君，虽兄弟不如也。
王对您的亲近，就连他的亲兄弟也比不上。现在您做楚国宰相已经做了二十年，而楚王没有儿子，等
今君相楚二十余年，而王无子，即百岁后将更立兄弟，则楚
到有朝一日楚王去世，就只能另立他的其他弟兄。等到新国君即位后，他必然要重用他那些原有的亲信，
更立君后，亦各贵其故所亲，君又安得长有宠乎？非徒然
到那时您又怎么能够长久地维持您今天的地位呢？这还不算，您做楚国宰相的年头已经很多了，在这
也，君贵用事久，多失礼于王兄弟，兄弟诚立，祸且及身，
期间您对楚王的那些兄弟们也多有得罪，等到楚王哪个兄弟一即位，您恐怕立刻就要大祸临头，您还
何以保相印江东之封乎？今妾自知有身矣，而人莫知。妾
怎么保得住宰相的职位和您江东的封地呢？现在我怀了孕，别人都不知道。我在您这里的时间还不长，
幸君未久，诚以君之重而进妾于楚王，王必幸妾；妾赖天有
如果凭着您的地位把我献给楚王，楚王一定会喜欢我；如果蒙老天爷保佑日后我生个儿子，那以后不
子男，则是君之子为王也。楚国尽可得，孰与身临不测之
就是您的儿子做楚王了吗？到那时整个楚国都成了您的，这不比您现在这么坐以待毙强得多吗？"春
罪乎？"春申君大然之，乃出李园女弟谨舍[2]，而言之楚王。
申君一听觉得很对，于是就让李园的妹妹搬出去住了一个好地方，自己进宫告诉了楚王。楚王把李园

---

[1] 娉入乎：送过聘礼了吗？娉，即"聘"字。
[2] 谨舍：恭谨地奉卫在别馆。

楚王召入幸之，遂生子男，立为太子，以李园女弟为王后。
的妹妹召进宫中，对她很是宠爱，不久就生了个男孩，楚王把他立为太子，而李园的妹妹也被封为了

楚王贵李园，园用事。
王后。同时楚王也开始重用李园，让李园参与国家大事。

李园既入其女弟，立为王后，子为太子，恐春申君语
再说李园，他已经把他妹妹送进了王宫，当了王后，她生的儿子也当了太子，这时他开始担心春

泄而益骄，阴养死士，欲杀春申君以灭口，而国人颇有知
申君泄露秘密，同时也怕他由此更加骄矜，于是就暗中养了一伙亡命徒，想让他们杀掉春申君以灭口，

之者。
这时楚国国内也有些人知道这件事了。

春申君相二十五年，楚考烈王病。朱英谓春申君曰：
春申君做楚国宰相的第二十五年，考烈王得病了。这时朱英来对春申君说："世界上往往有想

"世有毋望之福，又有毋望之祸。今君处毋望之世，事毋
不到的福，也往往有想不到的祸。您现在又是处在一个想不到的时代，而事奉一个想不到的国王，在

望之主，安可以无毋望之人乎？"春申君曰："何谓毋望之
这种情况下您怎么能够没有一个想不到的人物来给您帮忙呢？"春申君说："什么叫'想不到的福'？"

福？"曰："君相楚二十余年矣，虽名相国，实楚王也。今
朱英说："您做楚国宰相已经二十多年了，名义上您虽然是宰相，而实际上您就是楚王。现在楚王得病，

楚王病，旦暮且卒[1]，而君相少主，因而代立当国，如伊尹、
说不定什么时候死，您日后保着一个小国君，代替他行使一切国家大权，到那时您就能够像古代的伊尹、

周公，王长而反政[2]，不即遂南面称孤而有楚国。此所谓毋
周公那样，等小国王长大把政权还给他也行，或者您就干脆自己当了楚王也行。总之这都是想不到的福。"

1　旦暮且卒：早晚将死，随时闭眼。
2　反政：交还政权。

望之福也。"春申君曰:"何谓毋望之祸?"曰:"李园不治
春申君又说:"什么是'想不到的祸'呢?"朱英说:"李园现在不是宰相,但他的权力居然和您相等,

国而君之仇也,不为兵而养死士之日久矣。楚王卒,李
他现在虽然不领兵,但他家里长期以来养着许多亡命徒。只要楚王一死,李园一定会抢先入宫掌权,

园必先入据权而杀君以灭口。此所谓毋望之祸也。"春申
并把您杀掉灭口。这就是我所说的想不到的祸。"春申君说:"谁是'想不到的能帮助我的人'呢?"

君曰:"何谓毋望之人?"对曰:"君置臣郎中,楚王卒,
朱英说:"您先把我安排到宫中去做郎中,等到楚王一死,李园抢先进入宫中时,我就替您杀了他。

李园必先入,臣为君杀李园。此所谓毋望之人也。"春申
这就是我所说的'想不到的能帮助您的人'。"春申君说:"我看您还是算了吧!李园是个软弱无能

君曰:"足下置之[1]。李园,弱人也,仆又善之,且又何至
的人,我又对他很好,他何至于要这么干!"朱英知道自己的话他听不进去,害怕自己日后大祸临头,

此!"朱英知言不用,恐祸及身,乃亡去。
于是就及早逃离了楚国。

后十七日,楚考烈王卒。李园果先入,伏死士于棘门之
过了十七天,考烈王死了。李园果然抢先入宫,并把一群亡命徒埋伏在王宫的棘门里面。春申

内[2]。春申君入棘门,园死士侠刺春申君[3],斩其头,投之棘门
君入宫,刚进棘门,那伙埋伏的人立即冲出杀死了春申君,并把他的人头扔到了棘门外边。接着李园就

外。于是遂使吏尽灭春申君之家。而李园女弟初幸春申君有
派人把春申君的一家全都杀光了。李园的妹妹当初在春申君那里怀孕后来进宫所生的儿子继位做了楚王,

身而入之王所生子者遂立,是为楚幽王。
这就是楚幽王。

---

1 置之:放弃这个计划吧!
2 棘门:楚都寿春城门。
3 侠刺:即夹刺,两面包抄刺杀。

是岁也，秦始皇帝立九年矣，嫪毐亦为乱于秦，觉，夷其
这一年，正好是秦始皇即位后的第九年，嫪毐也在秦国作乱，被秦始皇发觉后，灭了他的三族，
三族，而吕不韦废。
吕不韦也同时被废。

太史公曰：吾适楚，观春申君故城，宫室盛矣哉！
太史公说："我曾到过楚国，参观过春申君的故城，那里的宫殿建筑可真够壮观豪华的！想当初
初，春申君之说秦昭王，及出身遣楚太子归，何其智之明
春申君劝说秦昭王不要攻打楚国，后来又不怕牺牲自己掩护了楚太子回国，那时是多么高明啊！谁想后
也！后制于李园，旄[1]矣！语曰："当断不断，反受其乱。"
来却被李园所制，真是糊涂极了！俗话说："应决断的时候不决断，反过来自己倒霉。"春申君不听朱
春申君失朱英[2]之谓邪？
英的话，结果闹得自己被杀，大概就是这种情况吧。

1　旄：通"耄"，老，糊涂，昏乱。
2　失朱英：失用朱英之计。

李斯恋位沙丘政变

公元前209年,秦始皇在出巡途中病死在平原津沙丘宫,少子胡亥阴谋篡权,称秦二世,这就是中国历史上著名的沙丘政变。沙丘政变的主谋是赵高,而起决定作用的人物是丞相李斯。李斯恋位,嫉妒贤臣,中了赵高的奸计。嗣后赵高害死李斯,逼杀二世,自己遭族灭。秦二世、赵高、李斯,三人都没有好下场,在内讧中加速了秦朝的灭亡,全都成了悲剧人物。这一出历史活剧,透视了权力争斗中的尔虞我诈权奸相,可为古今权力斗争者鉴。

秦始皇三十七年(前210年),秦始皇留右丞相冯去疾守咸阳,他带领左丞相李斯出巡,少子胡亥随行。赵高职掌始皇车骑和符玺,自然随行。这时赵高兼做胡亥的老师,因此名正言顺地密谋暗计,无人觉察。秦始皇这一次是带病出巡,目的地是到东南江、浙地区镇压天子气。秦始皇很迷信,他生病后占卜,说是出游可免灾。实际上,旅途劳顿,加重了他的病情。胡亥与赵高看在眼里,只等始皇一死,就要窃取政权。

秦始皇三十八年,即秦二世元年(前209年)七月,始皇一行从江南返回咸阳,从海道北上,在山东芝罘上岸,西行至平原津(今山东省平原县南),病情加剧,生命垂危。他在弥留之际,安排了后事。他叫来随行的几位宦官和丞相李斯,留下了一封给公子扶苏的遗信,让他速回咸阳参加葬礼,继承皇位,宦官头目赵高利用他职掌符玺的大权,扣押了这封信。李斯害怕始皇死亡的消息传出去，会引起震动，于是他严密封锁了消息，秘不发丧，将秦始皇的尸体置于卧车中，每天照常令人送水送饭。百官奏事，由宦官代为裁决。秦始皇尸体腐烂发出臭味，李斯命置办几车腌鱼干以混淆臭味。李斯的这番布置，赵高认为有机可乘，他与胡亥商量后，决定在沙丘利诱李斯，篡改始皇遗诏，发动宫廷政变，拥立胡亥为二世傀儡皇帝。

赵高找到李斯，把发动政变的事和盘托出，直言不讳。赵高说："皇上逝世，给长子留下了一道诏书，要他到咸阳参加葬礼，并继承帝位。不过遗诏还没有发出，如今已掌握在胡亥手中。皇上逝世，只有丞相君侯你、胡亥和我赵高以及几个亲近皇帝身边的宦官知道。皇上已死，他不能说话，由谁来做继承人，只在君侯和我赵高两人的口中，你看怎么办？"李斯一听，吓出了一身冷汗。李斯说："你怎么讲这种亡国的话，这不是臣子随便议论的事。"赵高说："君侯自己估量一下。你与蒙恬相比，才能和功劳怎么样？跟长子扶苏的交情怎么样？"李斯说："我怎能和三世将家的蒙恬相比呢？"赵高说："我只是一个宫廷宦官，目标不大，很好自处。君侯身为丞相，难以自处。你追随皇上，与长子扶苏政见不合，你自己心中有数。扶苏即位，肯定启用蒙恬做丞相，到那时你就任人摆布，能够活着告老还乡就不错了，还能保住富贵吗？"李斯说："做臣子的只能守本分，我也只好听天由命。"赵高早已看透李斯欲保功名利禄的心思，他不敢贸然答应，怕的是有危险，其实李斯由楚入秦，就不是一个听天由命、安守本分的人。"听天由命"这几个字与李斯的性格和身份很不相称。于是赵高听出了弦外之音，他乘胜追击，接着说："一个不能掌握自己命运的人，不能叫作聪明。识时务者为俊杰。君侯的心思怕的是发动政变有危险,其实你说的安分守己才有危险。现在的权力已经掌握在胡亥手中,他想为继承人,如果违背他的意愿就是犯上,立即会被处死。君侯何不与我赵高一起做一个顺水推舟的人情,拥立胡亥即位,这样不仅长保富贵,还遗福子孙。否则的话,不但自身性命不保,而且子孙遭殃。君侯这么聪明的人,在这关键时候怎么糊涂起来了。"李斯左思右想,觉得赵高的话有些道理,只好叹了一口气,说:"唉!让我李斯赶上这个乱世,既然不能效忠去追随先帝,又哪能管得上命运?看来事情只能如此了。"李斯一念之差,与赵高一起迈出了罪恶的一步。李斯与赵高合谋篡改了始皇遗诏,赐死扶苏、蒙恬,二世政变成功,李斯也被赵高玩于股掌之上。

李斯成为赵高的俘虏,并非偶然。李斯贪恋爵禄,生性嫉贤妒能。李斯自知才能不及韩非,而秦始皇欣赏韩非,李斯丧尽良心毒死韩非,消灭潜在的政敌对手。这一丑行,赵高了如指掌,加以利用。蒙恬、蒙毅兄弟是秦朝的开国功臣,与长子扶苏亲善。蒙毅曾治过赵高的罪,赵高怀恨在心,要诛杀蒙氏兄弟而后快。赵高诛杀蒙氏兄弟还不只是报仇雪恨,而且更重要的是毁坏秦朝根基,消灭秦室忠臣,为自己篡权扫清道路。李斯客卿,根基没有蒙氏雄厚,也嫉妒蒙氏,视为最大的政敌。赵高抓住李斯的心理,利用李斯排斥忠良,在赵高与秦二世的一切倒行逆施中,李斯自觉与不自觉地成了帮凶。赵高是个凶险人,他无治国之才,而玩弄阴谋诈术,李斯不是他的对手。赵高诛杀尽秦室忠良及诸公子之后,矛头一转,决定对李斯下手。秦二世三年,山东陈涉起义已成燎原大火。赵高决定用时局来制服李斯。他对李斯说:"天下大乱,二世深居宫中,君侯何不劝谏?"李斯说:"我也很想劝谏，但见不着皇上。"赵高说："这很容易，有了机会，我通知你。"赵高在宫中，瞅准二世与嫔妃玩耍高兴时，派人通知李斯进宫。李斯不知是计，还真以为二世空闲召见他。可以想象，李斯这时进谏，扫了二世的兴，一回这样，二回这样，如此多次，秦二世发了火，他对赵高说："我闲时丞相不来，我高兴时他来，这岂不是有意小看我吗？"赵高趁机进谗言，诬称沙丘政变，李斯参与密谋，事后没有升迁，心怀不满，正指使他的儿子三川郡守李由与山东群盗勾结谋反。二世不察，竟以叛国罪诛杀了李斯。

李斯落败，赵高阴险狡诈只是外因，自身贪权固位、嫉贤妒能的弱点是致命的根本。如果说开始谋划沙丘政变时，李斯被赵高的花言巧语所蒙蔽，还没有认识到胡亥如此愚顽，赵高如此奸诈，但后来赵高"贪求无厌，求利不止，列势次主，求欲无穷"，对二世"行逆于昆弟，不顾其咎，侵杀忠臣，不畏其殃，大为宫室，厚赋天下，不爱其费"时，不但不改弦更张，反而变本加厉，投二世之好，上书行督责，运用严法酷刑来威慑人民，鼓励朝臣屠杀人民，导致"杀人众者为忠臣"的荒唐的政治局面，最后自己遭受五刑而死，可以说罪有应得。

俗话说"一叶障目，不见泰山"，李斯是一个政治家，由于嫉妒与贪位这两叶障住了双眼，看不清胡亥与赵高的本质。他至死还抱有幻想，希望胡亥念他的功劳赦免他，殊不知胡亥、赵高正是利用他自身的弱点，采取各种巧妙手段驾驭他，使他先成为篡权的工具，而后又成为替罪的羔羊。

统治阶级的权势之争，自古已然，于秦为烈，乃至强大王朝，一旦崩毁。李斯被赵高诬以叛国罪遭族诛，天下人惜其蒙冤，作者司马迁从历史的高度，辩证地指出，李斯"极忠"乃世俗之见，李斯为人不可取法，他背叛始皇，听赵高邪说，充当帮凶，加重二世罪孽，也是死有余辜。作者议论，发人深省。

李斯列传

始皇三十七年十月，行出游会稽，并海上，北抵琅邪。
秦始皇三十七年（前210年）十月，他巡行出游到了会稽山，然后沿海北上，到达了琅邪山。
丞相斯、中车府令赵高兼行符玺令事，皆从。始皇有二十余
丞相李斯、中车府令赵高兼职符玺令随同侍从。秦始皇有二十多个儿子。长子扶苏多次劝谏皇帝，
子。长子扶苏以数直谏上[1]，上使监兵上郡，蒙恬为将。少子
秦始皇派他到上郡去监督军队，蒙恬任将军。小儿子胡亥很受宠爱，请求随从，秦始皇答应。其
胡亥爱[2]，请从，上许之。余子莫从。
余儿子没有跟从的。

其年七月，始皇帝至沙丘[3]，病甚，令赵高为书赐公子扶
这年七月，秦始皇归程到达了沙丘，病得十分严重，命令赵高写好诏书给公子扶苏说：
苏曰："以兵属蒙恬，与丧会咸阳而葬[4]。"书已封，未授使者，
"把军队交给蒙恬，赶快回到咸阳参加丧事，主持葬礼。"诏书已经封好，还没有交给使
始皇崩。书及玺皆在赵高所。独子胡亥、丞相李斯、赵高及
者，秦始皇就死了。诏书及玺印都在赵高手里。只有胡亥、丞相李斯、赵高以及宠幸的宦
幸宦者五六人知始皇崩，余群臣皆莫知也。李斯以为上在外
官五六人知道秦始皇去世，其余群臣都没有人知道。李斯认为皇上在外去世，又没有确立

1　扶苏：始皇长子。
2　少子：小儿子。爱：受宠爱。
3　沙丘：赵离宫名，武灵王蒙难处，在今河北省巨鹿县南。
4　与丧：参加主持丧事，即为继承人。

李斯恋位沙丘政变

▲ 明·佚名《会稽山图卷》

崩，无真太子[1]，故秘之[2]。置始皇居辒辌车中[3]，百官奏事、上食
太子，所以保守秘密。他们把秦始皇的尸体安放在卧车中，百官奏事以及进献饮食还像往

如故，宦者辄从辒辌车中可诸奏事。
常一样，用一个宦官代秦始皇裁定百官的奏事。

  赵高因留所赐扶苏玺书，而谓公子胡亥曰："上崩，无诏
赵高趁此机会扣下送给扶苏的诏书，对公子胡亥说："皇上已死，没有留下诏书封诸子

封王诸子，而独赐长子书。长子至，即立为皇帝，而子无尺
为王，只赐给长子扶苏一封诏书。长子到后，就登位做皇帝，而你连一尺一寸的封地都没有，这

寸之地，为之奈何？"胡亥曰："固也。吾闻之：明君知臣，
怎么办呢？"胡亥说："本来就是这个道理。我听说，圣明的君主了解臣子，圣明的父亲了解儿

明父知子。父捐命，不封诸子[4]，何可言者。"赵高曰："不然。
子。我父亲过世了，不封诸子为王，这也没有什么可说的。"赵高说："不对。当今国家的权力

方今天下之权，存亡在子与高及丞相耳，愿子图之[5]。且夫臣人
存亡，掌握在你和我赵高以及丞相手里，希望你认真考虑吧。何况使人为臣和给人当臣，控制别

与见臣于人[6]，制人与见制于人[7]，岂可同日道哉？"胡亥曰："废
人与受人控制，难道可以相提并论吗？"胡亥说："废除兄长而立弟弟，这是不义；不服从父亲

兄而立弟，是不义也；不奉父诏而畏死，是不孝也；能薄而
的诏令而惧怕死亡，这是不孝；自己才能浅薄，勉强依靠别人的手来立业，这是无能。这三件事

---

1 无真太子：没有正式皇位继承人。
2 秘之：秘不发丧。
3 辒辌车：一种封闭而能通风的卧车，此后即为皇帝丧车之代称。
4 捐命：弃命。
5 图之：考虑这事。
6 臣人：使人为臣。见臣于人：给人为臣。
7 制：控制，统治。

材谫[1]，强因人之功，是不能也。三者逆德，天下不服，身殆
<small>都是大逆不道的，天下人也不服从，我自身遭受祸殃、国家也将灭亡。"赵高说："我听说商汤</small>

倾危[2]，社稷不血食[3]。"高曰："臣闻汤、武杀其主，天下称义
<small>王、周武王杀死他们的君主，天下人都称颂符合道义，不能算是不忠，卫君杀了他的父亲，卫</small>

焉，不为不忠；卫君杀其父，而卫国载其德，孔子著之，不为
<small>国民众都赞扬他的德业，孔子也记载了这件事，不能算是不孝。做大事业的人不拘小节，有崇高</small>

不孝。夫大行不小谨，盛德不辞让，乡曲各有宜，而百官不
<small>道德的人不在细节上辞让，乡里风俗各地不同，百官职事各有分工。所以，做事只考虑细节而忘</small>

同功。故顾小而忘大，后必有害；狐疑犹豫，后必有悔；断
<small>了大事，日后一定遭受祸害；关键时刻犹豫不决，将来一定后悔；果断而又勇于行动，连鬼神都</small>

而敢行，鬼神避之，后有成功。愿子遂之[4]。"胡亥喟然叹曰：
<small>要躲开，后来一定能成功。希望你听从我的意见。"胡亥深深地长叹一声，说："现在皇上刚去</small>

"大行未发[5]，丧礼未终，岂宜以此事干丞相哉！"赵高曰："时
<small>世，还没有发丧，怎好拿这件事去要求丞相呢！"赵高说："时间啊时间，短暂得来不及谋划！</small>

乎时乎，间不及谋！赢粮跃马，唯恐后时！"
<small>就像背着干粮骑着快马赶路一样，唯恐耽误了时间！"</small>

　　胡亥既然高之言，高曰："不与丞相谋，恐事不能成。
<small>胡亥同意了赵高的意见以后，赵高又说："不和丞相商量，恐怕事情还不能成功。我</small>

臣请为子与丞相谋之。"高乃谓丞相斯曰："上崩，赐长子
<small>请求代表你去与丞相商量这件事。"赵高就对丞相李斯说："皇上临死，给长子留下遗诏，</small>

1　谫（jiǎn）：浅陋。
2　殆：差不多，将要。倾危：陷于绝灭的危险。
3　社稷不血食：指国破家亡。
4　遂之：听从。
5　大行：皇帝死称大行。

书，与丧会咸阳而立为嗣，书未行。今上崩，未有知者也。
要他回咸阳主持丧事，并立为继承人，诏书还没有发出。现在皇上已死，没有外人知道。送

所赐长子书及符玺皆在胡亥所。定太子，在君侯与高之口
给长子的诏书和符玺印章都在胡亥手中。立谁为太子，就凭我们两人的一句话了，你看这事

耳。事将何如？"斯曰："安得亡国之言！此非人臣所当
该怎么办？"李斯说："你怎么能说出这种亡国的话呢！这不是我们臣下可以随便议论的事

议也！"高曰："君侯自料，能孰与蒙恬？功高孰与蒙恬？
啊！"赵高说："君侯你自己估计一下，你与蒙恬的才能哪一个强？你与蒙恬的功劳哪一个

谋远不失孰与蒙恬？无怨于天下孰与蒙恬[1]？长子旧而信
高？你与蒙恬的谋略哪一个更深远而不失误？你与蒙恬哪一个不受百姓的怨恨？你与蒙恬哪

之孰与蒙恬？"斯曰："此五者皆不及蒙恬，而君责之何深
一个与长子有交情而更受信任？"李斯说："我五样（才、功、谋、怨、信）都比不上蒙恬，

也[2]？"高曰："高固内官之厮役也，幸得以刀笔之文进入秦
你为什么这样苛求我呢？"赵高说："我赵高不过是皇宫内廷的一个奴仆，有幸凭着一点熟

宫，管事二十余年，未尝见秦免罢丞相、功臣有封及二世者
悉法律文书的本领进入秦宫，管事二十多年，还没有看见过被秦王罢免的丞相功臣有封爵能

也，卒皆以诛亡。皇帝二十余子，皆君之所知。长子刚毅
传给下一代的人，结果都只能获得被秦国诛杀的下场。秦始皇有二十多个儿子，这是您知道的。

而武勇，信人而奋士。即位必用蒙恬为丞相，君侯终不怀
长子扶苏刚毅而且武勇，受人信赖而使人奋勇效力。他即位后一定用蒙恬为丞相，你将不能

通侯之印归于乡里，明矣。高受诏教习胡亥，使学以法事
怀抱通侯的印信回家了，这是明摆着的。我赵高受皇上的命令教育胡亥，让他学习法律制度

---

1 怨：指天下人的恶感。李斯执政，政苛刑酷，人民怨之。
2 五者：才、功、谋、怨、信。责：苛求。

数年矣[1]，未尝见过失；慈仁笃厚，轻财重士，辩于心而诎于
已经好几年了，没有见他有过失，慈悲仁爱，诚实厚道，轻视钱财，尊重士人，内心敏捷只

口。尽礼敬士，秦之诸子未有及此者，可以为嗣。君计而
是口才不善表达罢了。胡亥竭尽礼仪尊重贤才，在秦始皇的儿子中没有人能赶上他，可以立

定之！"斯曰："君其反位！斯奉主之诏，听天之命，何虑
为继承人。你好好考虑后决定吧！"李斯说："你回到自己的职位上去吧，我李斯遵从皇上

之可定也？"高曰："安可危也，危可安也。安危不定，何
的诏命，听从天意的安排，没有什么拿不定主意的事。"赵高说："安全可转化为危险，危

以贵圣[2]？"斯曰："斯，上蔡间巷布衣也。上幸擢为丞相，
险也可转化为安全，什么是安全，什么是危险都分不清，拿什么来保持尊贵和贤明？"李斯说：

封为通侯，子孙皆至尊位重禄者，故将以存亡安危属臣也。
"我李斯不过是上蔡街巷中的一个平民，多亏皇上提拔做了丞相，封为列侯，子孙都得到尊贵，

岂可负哉[3]！夫忠臣不避死而庶几，孝子不勤劳而见危，人
一个个高官厚禄，所以把国家存亡安危的大事交托给我，我岂能辜负皇上的重托。说到忠臣，

臣各守其职而已矣。君其勿复言，将令斯得罪[4]！"高曰：
不因贪生而怕死，孝子不要过分劳苦而遭受危险。人臣要各自安于自己的职分。你不要再说了，

"盖闻圣人迁徙无常[5]，就变而从时，见末而知本，观指而睹
将会使李斯蒙受罪过。"赵高说："我听说圣人处世迁徙无常，能顺应事势的变化追赶时代，

归。物固有之，安得常法哉！方今天下之权命悬于胡亥，
看到事情的苗头就知道了根本，看到一点动向就知道了归宿，事物本来就是这样的，哪里有

---

1 法事：法律之事。
2 贵圣：位尊而贤明。
3 负：忘恩负义。
4 得罪：隐入罪过。
5 迁徙：改变主意。

李斯恋位沙丘政变　289

高能得志焉[1]。且夫从外制中谓之惑，从下制上谓之贼。故
永恒的法则！现在国家的权力和命运掌握在胡亥手里，我能推知胡亥的心意。再说，由外朝

秋霜降者草花落，水摇动者万物作，此必然之效也。君何
控制内朝叫作惑乱，由臣下控制主上叫作反叛。所以秋霜一降花草随之凋落，春暖冰化万物

见之晚？"斯曰："吾闻晋易太子，三世不安；齐桓兄弟争
复苏而生长，这是必然的结果。你的见识怎么这样迟钝？"李斯说："我听说晋国更换了太子，

位，身死为戮；纣杀亲戚，不听谏者，国为丘墟[2]，遂危社
三代不得安定；齐桓公兄弟争夺王位，哥哥被杀死；商纣杀死亲属，又不听劝谏，国家变成废墟，

稷：三者逆天，宗庙不血食。斯其犹人哉，安足为谋！"高
断送了天下。这三件事都是违背天意的，所以才落到宗庙没有祭祀。我李斯只是一个平常的

曰："上下合同[3]，可以长久；中外若一，事无表里[4]。君听臣
人，怎能为此逆谋！"赵高说："只要上下一条心，事业就长久；内外一致了，事情没差错。

之计，即长有封侯，世世称孤，必有乔、松之寿，孔、墨之
你听从我的计划，就会长保封侯，代代相传，一定有仙人王子乔、赤松子那样的长寿，有孔子、

智[5]。今释此而不从，祸及子孙，足以为寒心。善者因祸为
墨子那样的智慧。现在放弃这个机会而不听从我的意见，一定会祸及子孙，实在让人心寒。

福，君何处焉[6]？"斯乃仰天而叹，垂泪太息曰[7]："嗟乎！独
善于处世的人要转祸为福，你究竟怎么打算呢？"李斯就仰天长叹流着泪水说："啊，单单

---

1 得志：能控制局势。
2 丘墟：废墟，指国破。
3 上下合同：上下齐心。上指胡亥，下指赵高、李斯。
4 中外若一，事无表里：内外统一，做事就能一致。中，内朝，赵高自谓。外，朝臣，指李斯。
5 乔：王子乔。松：赤松子。二人长寿为仙。孔：孔丘。墨：墨翟。二人有学问。
6 何处：究竟作何打算。
7 太息：长叹。

遭乱世，即以不能死，安托命哉！"于是斯乃听高，高乃报
让我赶上这乱世，既然不能以死尽忠了，还向何处去寄托我的生命。"于是李斯也听从了赵高，

胡亥曰："臣请奉太子之明命以报丞相，丞相斯敢不奉令！"
赵高便回报胡亥说："我是奉太子你的命令去通知丞相李斯的，他怎敢不服从命令呢！"

于是乃相与谋，诈为受始皇诏丞相，立子胡亥为太子。
于是他们就共同商议，伪造了秦始皇给丞相的诏书，立胡亥为太子。更改秦始

更书赐长子扶苏曰："朕巡天下，祷祠名山诸神，以延寿命。
皇给长子扶苏的诏书，说："我巡视天下，祷祈祭祀各地的名山神灵以求长寿。现今

今扶苏与将军蒙恬将师数十万以屯边，十有余年矣。不能进
扶苏与将军蒙恬率领数十万军队驻守边防，已经十余年了，不能进军开疆拓土，而士

而前，士卒多耗[1]，无尺寸之功乃反数上书，直言诽谤我所为。
兵死伤很多，没有立下半点功劳，反而多次上书直言诽谤我的所作所为。因不能解职

以不得罢归为太子，日夜怨望。扶苏为人子不孝，其赐剑以
回京当太子，就日夜怨恨。扶苏为人不孝，赐给一把宝剑，自己上路吧！将军蒙恬和

自裁！将军恬与扶苏居外，不匡正，宜知其谋；为人臣不忠，
扶苏一同在外，不纠正太子的错误，也应当知道太子的谋划；蒙恬作为人臣而不尽忠，

其赐死，以兵属裨将王离[2]。"封其书以皇帝玺，遣胡亥客奉书
也赐死自杀，把兵权交给副将王离。"密封了诏书并盖上皇帝玉玺，派遣胡亥的宾客

赐扶苏于上郡。
捧着诏书到上郡去赐给扶苏。

使者至，发书，扶苏泣，入内，欲自杀。蒙恬止扶苏曰：
使者到达上郡，打开诏书，扶苏哭泣起来，进入内室想自杀。蒙恬制止扶苏说："陛

---

1 耗：死伤。
2 裨将：副将。王离：王翦之孙。

"陛下居外，未立太子，使臣将三十万众守边，公子为监，此天下重任也。
下在外，没有立太子，派我率领三十万兵马防守边疆，公子为监军，这是天下的重任啊。
今一使者来，即自杀，安知其非诈！请复请。
现在一个使者到来就自杀了，怎么知道这不是一场骗局，希望你做一次请示，请示以后
复请而后死，未暮也[1]。"使者数趣之[2]，扶苏为人仁[3]，谓蒙恬曰：
得到回答再去死，也不晚嘛！"使者多次催促，扶苏为人忠厚懦弱，对蒙恬说："父亲
"父而赐子死，尚安复请！"即自杀。蒙恬不肯死，使者即以
让儿子去死，哪有再请示的道理！"立刻自杀了。蒙恬不肯自杀，使者把他交付刑吏，
属吏[4]，系于阳周。
囚禁在阳周。

使者还报，胡亥、斯、高大喜。至咸阳，发丧，太子立
使者回来报告，胡亥、李斯、赵高非常高兴。胡亥等回到咸阳，这才发丧，太子胡亥立为二世皇帝。
为二世皇帝。以赵高为郎中令，常侍中用事。
二世用赵高为郎中令，赵高时常事奉宫中，掌管了一切事务。

高闻李斯以为言，乃见丞相曰："关东群盗多，今上急益
赵高听说李斯上书秦二世，便故意地去见李斯说："函谷关以东已经盗贼四起，而皇上还在
发繇治阿房宫，聚狗、马无用之物。臣欲谏，为位贱，此真
急着越来越多地征发劳役修建阿房宫，还在急着搜刮一些狗马等无用的玩物。我早想劝谏皇上，但我
君侯之事[5]，君何不谏？"李斯曰："固也，吾欲言之久矣！今
的地位太低贱了，这是君侯职责范围里的事，君侯为什么不去劝谏呢？"李斯说："是啊，我早就想

1 未暮：未迟，未晚。
2 数趣：多次催促。
3 仁：忠厚懦弱。
4 属吏：交付主管司法官审讯。
5 君侯：对丞相的尊称。因丞相封侯。

时上不坐朝廷，上居深宫，吾有所言者，不可传也[1]，欲见无

说了，但如今皇上不上朝，天天坐在宫中，我虽然有话要说，却无法托人转达，而我自己又没有机会

间[2]。"赵高谓曰："君诚能谏，请为君候上间语君。"于是赵高

见到皇上。"赵高说；"君侯要真想劝谏，我可以帮您留心，一旦见到皇上有空隙，我就立刻告诉您。"

待二世方燕乐、妇女居前，使人告丞相："上方间，可奏事。"

于时赵高就专门找秦二世玩乐、美女在前的时候，派人去告知李斯说："皇上现在正有空，您可以前

丞相至宫门上谒[3]，如此者三。二世怒曰："吾常多闲日，丞

去奏事。"于是李斯立刻就到宫门求见，这样一连好几次。秦二世生气地说："我平时空闲的时候，

相不来，吾方燕私，丞相辄来请事。丞相岂少我哉，且固我

丞相不来，偏偏在我私人狎乐的时候，丞相却三番五次地来奏事打扰，丞相岂不是在轻视我，而且还

哉？"赵高因曰[4]："如此殆矣[5]！夫沙丘之谋，丞相与焉。今陛

要让我出丑吗？"赵高乘机对秦二世说："这可太危险啦！当初我们在沙丘的密谋，丞相是参加了的。

下已立为帝，而丞相贵不益，此其意亦望裂地而王矣。且陛

如今陛下做了皇帝，而丞相的地位却没有提高，看来他的意思也是想割地为王。有些事陛下不问我，

下不问臣，臣不敢言。丞相长男李由为三川守，楚盗陈胜等

我也不敢说，丞相的长子李由是三川郡守，楚地的盗贼陈胜等都是丞相老家邻县的人，所以楚地的盗

皆丞相傍县之子，以故楚盗公行[6]，过三川，城守不肯击。高闻

贼可以到处公行，当他们路过三川的时候，郡守李由只是守城，不肯出击。我听说他和盗贼还有书信

---

1 不可传：传达不进去。
2 无间：没有机会。
3 上谒：求见。
4 因：趁机。
5 殆矣：危险了。
6 公行：公开横行。

▲ 清·袁江《阿房宫图卷》局部

其文书相往来，未得其审¹，故未敢以闻。且丞相居外，权重于
来往，由于没有确实的证据，所以没敢告诉陛下。现在丞相在宫外掌理国政，权势实际比陛下还大。"

陛下。"二世以为然。欲案丞相²，恐其不审，乃使人案验三川
秦二世认为赵高说得对，想逮捕李斯，又怕问题不确实，于是就派人去调查三川郡守李由与盗贼相通

守与盗通状。李斯闻之。
的情况。李斯很快知道了这个消息。

是时，二世在甘泉³，方作觳抵、优俳之观⁴。李斯不得见，
当时，秦二世住在甘泉离宫，正在观赏杂技表演，李斯不能面见，便上书向秦二世告发

因上书言赵高之短曰⁵："臣闻之，臣疑其君⁶，无不危国；妾疑
赵高的短处说："俗话说，臣子的权势如果与君主相当，没有不危害国家的；妻妾的权势如果与

其夫，无不危家。今有大臣于陛下，擅利擅害，与陛下无异，
丈夫等同，没有不危害家庭的。现在有的大臣就在皇上身边专擅大权，和陛下没有什么不同，这

此甚不便。昔者司城子罕相宋，身行刑罚，以威行之，期年
是非常不利的。从前司城子罕当宋国丞相，亲自掌握刑罚大权，使用权威办事，一年之后就篡夺

遂劫其君。田常为简公臣，爵列无敌于国，私家之富，与公
了王位。田常做齐简公的臣子，爵位高居于全国所有人之上，私人财富和国君相等，布施小恩小

家均，布惠施德，下得百姓，上得群臣，阴取齐国，杀宰予于
惠，下得百姓拥戴，上得群臣拥护，暗中夺取了齐国政权，在厅堂里杀害了宰予，在朝廷上杀死

---

1 审：只是还未核实。
2 案：治罪。
3 甘泉：宫名，在今陕西淳化县西北甘泉山上。
4 觳抵：即角抵，两人角力之戏。优俳：说唱戏。
5 短：过错。
6 疑：通"拟"，齐等。臣与君齐等，则国危，指赵高权重，拟于君。

庭，即弑简公于朝，遂有齐国。此天下所明知也。今高有邪
了齐简公，终于有了齐国。这是天下人众所周知的事。现在赵高既有非分的意图，又有险诈反叛

佚之志，危反之行[1]，如子罕相宋也；私家之富，若田氏之于齐
的行为，如同当年子罕相宋一样；赵高私人拥有的财富，也正像田常在齐国那样多。赵高集中了

也；兼行田常、子罕之逆道，而劫陛下之威信，其志若韩玘为
田常、子罕的叛逆手段，而又窃取了陛下的威信，他的野心就如同韩玘当韩王安的宰相一样。陛

韩安相也。陛下不图，臣恐其为变也。"二世曰："何哉？夫
下不早做打算，我担心他要发动叛乱。"秦二世说："这是什么话？赵高原本是个宦官，他不因

高，故宦人也。然不为安肆志[2]，不以危易心，洁行修善，自使
处于顺境而忘乎所以，也不因处于困境改变忠心，品行廉洁，一心向善，凭个人的努力得到今天

至此。以忠得进，以信守位，朕实贤之，而君疑之，何也？
的地位。他因忠心耿耿才得到提拔，因讲信义才保持了禄位，朕十分看重他，而你丞相怀疑他，

且朕少失先人，无所识知，不习治民，而君又老，恐与天下
这是为什么？何况我年少失去了父亲，没有知识，不懂治理民众，而你丞相又年高，我恐怕要与

绝矣[3]。朕非属赵君，当谁任哉？且赵君为人精廉强力[4]，下知人
天下隔绝了。朕若不信任委权赵高，将依靠谁呢？何况赵先生为人精明廉洁，精力又旺盛，下能

情，上能适朕，君其勿疑！"李斯曰："不然。夫高，故贱人
了解民情，上能顺适我的心意，请你不要怀疑他！"李斯说："不是这样。赵高是一个卑贱的人，

---

1 危反：危害和反叛。
2 安：处于顺境。肆志：为所欲为。
3 绝：陷于孤立。
4 强力：精力旺盛。

也，无识于理[1]，贪欲无厌，求利不止，列势次主[2]，求欲无穷，
不懂道理，贪得无厌，求利不止，地位权势仅次于皇上，可追求的心没有止境，所以我说是很危
臣故曰殆。"二世已前信赵高，恐李斯杀之，乃私告赵高。高
险的。"秦二世早已相信了赵高，他担心李斯杀掉他，就暗中把这些话告诉了赵高。赵高说："丞
曰："丞相所患者独高，高已死，丞相即欲为田常所为。"于是
相忧虑的人就只有我一个赵高，如果我赵高死了，丞相李斯就可以干田常所干的事了。"于是秦
二世曰："其以李斯属郎中令。"
二世说："就把李斯交给你郎中令去查办吧。"

赵高案治李斯。李斯拘执束缚[3]，居囹圄中，仰天而叹曰：
赵高追究李斯。李斯被捕后带上刑具，关押在监狱中，仰天长叹说："唉，可悲啊！
"嗟乎，悲夫！不道之君，何可为计哉？昔者桀杀关龙逄，纣
无道的昏君，怎么可以为他出谋划策呢？从前夏桀杀关龙逄，殷纣杀王子比干，吴王夫
杀王子比干，吴王夫差杀伍子胥，此三臣者，岂不忠哉？然而
差杀伍子胥，这三个大臣难道不忠吗？然而免不了被害死。他们尽忠而死，只可惜选错
不免于死，身死而所忠者非也。今吾智不及三子，而二世之
了效忠的主人。现在我的智慧赶不上关龙逄、王子比干、伍子胥，而秦二世的无道却超
无道过于桀、纣、夫差，吾以忠死，宜矣。且二世之治，岂
过了夏桀、殷纣、夫差，我以尽忠而死，理应如此。况且秦二世治理天下，难道不是乱
不乱哉？日者夷其兄弟而自立也，杀忠臣而贵贱人，作为阿房
弹琴吗？不久前他杀兄长而自立为君，杀死忠臣而尊重贱人，修建阿房宫，对天下百姓

---

1 理：治理国家。
2 列势次主：地位权势，仅次于君主。
3 拘执：被抓起来。束缚：带上刑具。

之宫，赋敛天下。吾非不谏也，而不吾听也。凡古圣王，饮
横征暴敛。我不是不劝谏，而不听我的意见。凡是古代的圣明君王，饮食有节制，车马

食有节，车器有数，宫室有度；出令造事，加费而无益于民利
器用有数量，宫殿房屋有限度；颁布法令和兴办事情，增加费用而不利于百姓的事一律

者禁，故能长久治安。今行逆于昆弟，不顾其咎；侵杀忠臣，
禁止，所以能长治久安。现在秦二世违反常情加害亲兄弟，不考虑严重后果；杀害忠臣

不思其殃；大为宫室，厚赋天下，不爱其费。三者已行，天
不想想有什么祸殃；大修宫室，加重税收，不吝惜钱财，这三件事施行以后，天下不服。

下不听。今反者已有天下之半矣，而心尚未寤也，而以赵高
现在造反的人民占全国民众的过半了，但二世心里还不觉悟，还要用赵高为辅佐，我一

为佐，吾必见寇至咸阳，麋鹿游于朝也。"
定会看到盗贼来攻打咸阳，朝廷将变为麋鹿出入的荒野"。

> 不是说了吗，您反了，全家都反了！

李斯被赵高屈打成招

李斯恋位沙丘政变　299

于是二世乃使高案丞相狱，治罪，责斯与子由谋反状，皆
秦二世命赵高审讯丞相李斯案件，定罪名，责问李斯和他的儿子李由谋反的情况，全部逮捕

收捕宗族、宾客。赵高治斯，榜掠千余，不胜痛，自诬服。
了李斯的宗族及宾客。赵高审讯李斯，用大板拷打一千多下，李斯忍受不了痛苦，自己冤屈地招了供。

二世二年七月，具斯五刑[1]，论腰斩咸阳市。斯出狱，与其
秦二世二年七月，判李斯受五刑，决定在咸阳闹市上腰斩。李斯被押出监狱，和他

中子俱执。顾谓其中子曰："吾欲与若复牵黄犬，俱出上蔡东门
的次子一同绑赴刑场。李斯回头对他的次子说："我想和你牵上黄狗，一同走出上蔡县东

逐狡兔[2]，岂可得乎？"遂父子相哭，而夷三族[3]。
门去追逐狡兔，还能办得到吗？"于是父子相对痛哭，全家被抄斩。

太史公曰：李斯以闾阎历诸侯[4]，入事秦，因以瑕衅[5]，以辅
太史公说："李斯以一个平民身份游历诸侯，最后到了秦国，趁着秦统一六国的机会，辅佐

始皇，卒成帝业，斯为三公，可谓尊用矣。期知六艺之归[6]，不
秦始皇，终于成就了帝业，官至三公，可以说是受到了最尊贵的重用。李斯懂得六经的旨趣，但他不

务明政以补主上之缺，持爵禄之重，阿顺苟合，严威酷刑，听
致力于修明政治，用以补救秦始皇的过失，却依恃尊贵的地位，曲意逢迎，推行严刑峻法，听信赵高

高邪说，废嫡立庶[7]。诸侯已叛，斯乃欲谏争，不亦末乎！人皆
的邪说，废了太子扶苏，奉立庶子胡亥。诸侯已经反叛，李斯才想起了劝谏，不是太晚了！人们都认

---

1 五刑：黥、刖、笞、斩首、碎尸。秦法，谋反大逆罪，被族者要遍受五刑。

2 逐狡兔：行猎，喻自由的布衣生活。

3 夷三族：灭父、母、妻三族。

4 闾阎：比喻平民。

5 瑕（xiá）：玉上的斑点。衅：缝隙。

6 六艺之归：六经的旨趣，指仁政学说。

7 嫡：指太子扶苏。庶：指秦二世胡亥。

以斯极忠而被五刑死，察其本，乃与俗议之异。不然，斯之
为李斯尽忠而遭受五刑，考察其本末，原来与流传的说法很不一。否则，李斯的功勋将和周朝的周公、

功且与周、召列矣。
召开相提并论。

赵高弄权指鹿为马

成语"指鹿为马",意思是颠倒黑白。这故事发生在秦王朝二世末年,公元前207年八月己亥这一天。

秦朝宦官赵高,主谋沙丘政变,拥立秦二世为傀儡皇帝,大权独揽。赵高哄骗二世深居宫中,日夜淫乐,全然不知天下大事。秦二世二年(前208年),秦军全力在巨鹿战败,沛公刘邦已逼近武关,山东土地已非秦所有。赵高害怕二世追究责任,诛杀自己,于是策划第二次政变,废秦二世,闭关守住秦国本土,去帝号,称秦王。先拥立秦二世堂兄子婴为秦王,然后再废杀子婴,自己登基。赵高不知道朝廷百官有多少附和自己,他想了一个用实例侦察的办法。八月己亥这天,赵高指使亲信牵了一头鹿到朝堂下,说是给二世进献的千里马。秦二世定睛一看,对左右的人说:"这是一只鹿,哪是千里马?"左右的人都说:"是千里马。"秦二世大吃一惊,出了一身冷汗,他不相信自己的眼睛,又拍了拍脑袋,怀疑自己糊涂了。秦二世沉默了一会儿,仍不服气,就指着鹿问朝中的文武大臣,到底是鹿还是马。朝臣中有的说是鹿,有的说是马。赵高盯着文武大臣,大家争论了半天,说马的人逐渐占了上风,他们看着赵高的脸色柔顺转弯。但也有一些不害怕的大臣,坚持说是鹿。事后赵高找岔子,把说鹿的人一个一个治罪。这以后,满朝文武大臣更加害怕赵高。

赵高指鹿为马后,认为篡权的时机已到,他指使女婿咸阳令阎乐诛杀

指鹿为马

了二世。赵高十分得意,把皇帝玉玺佩在身上,坐到皇帝位上去。但是文武百官口虽不敢言,却一个个横眉怒对。赵高心中恐慌,不敢正眼看文武百官,在龙椅上如坐针毡。他这才知道,身为皇帝的家奴是没有资格当皇帝的。于是只好让出帝位,扶立秦始皇的堂弟子婴为继承人。赵高说山东土地已非秦有,秦国不能有皇帝,只能称秦王。他以为这样便可以更好地控制秦王子婴。

秦王子婴知道赵高心狠手辣,称病不就位,示意赵高去请他。赵高不得已去子婴家中请他出来即位,殊不知子婴早已做了谋杀赵高的计划。子婴把赵高刺死在家中,随即又族灭了赵高。

赵高弄权指鹿为马

▲ 元·赵孟頫《柳荫试马图》　　　　　　　　　　　　　　　　　　▲ 清·沈铨《双鹿图》

秦始皇本纪

三年,八月己亥,赵高欲为乱[1],恐群臣不听[2],乃先设验[3],
秦二世三年(前207年),八月己亥这一天,赵高想作乱。恐怕群臣不服从,就先进行试验,

持鹿献于二世,曰:"马也。"二世笑曰:"丞相误邪?谓鹿为
拿一只鹿献给秦二世说:"这是马。"二世笑着说:"丞相错了,把鹿叫作马。"询问左右近臣,

马。"问左右,左右或默,或言马以阿顺赵高[4],或言鹿,高因
有的沉默,有的说是马来巴结附和赵高,有的说是鹿。赵高就暗地里借用法令陷害说是鹿的人。

阴中诸言鹿者以法。后群臣皆畏高。
此后群臣都畏惧赵高。

---

[1] 为乱:反叛。
[2] 不听:不服从。
[3] 设验:进行试验。
[4] 阿顺:巴结,附和。

赵高弄权指鹿为马

▲ 唐·李昭道《宫殿图》

▲ 宋·赵伯驹《阿阁图》

李斯列传

二世乃出居望夷之宫。留三日，赵高诈诏卫士，令士
赵高诱秦二世外出住到望夷宫。住了三天，赵高假传二世命令，把卫士召来，让他

皆素服[1]，持兵内向，入告二世曰："山东群盗兵大至！"二
们都穿上白色的衣服，拿着兵器向望夷宫走去。赵高入宫向秦王世报告，说："山东群

世上观而见之[2]，恐惧。高即因劫令自杀[3]，引玺而佩之，左右
盗的叛军到了！"秦二世登上高台望见他们，非常恐惧。赵高趁此胁迫二世自杀。赵高

百官莫从；上殿，殿欲坏者三。高自知天弗与，群臣弗许，
取过玉玺佩戴在身上，左右百官都不跟随。赵高走上殿堂，殿堂几次像要坍塌。赵高知

乃召始皇弟援之玺。子婴即位，患之，乃称疾不听事，与
道上天不允许，群臣也不答应，就把秦始皇的弟弟子婴叫来，将玉玺交给了他。子婴登位后，

宦者韩谈及其子谋杀高。高上谒，请病，因召入，令韩谈
忧患赵高，就称病不上朝听事，与宦官韩谈和自己的儿子密谋杀赵高。赵高求见，探问病情，子婴趁机召

刺杀之，夷其三族。
赵高入内室，命韩谈刺杀了赵高，夷灭了他的三族。

---

1. 素服：便装，打扮成农民起义军。
2. 上观：登上楼台。
3. 劫令：强令。